국내 대학원 유학생을 위한
논문쓰기 핸드북

-유학(留學)의 의미와 본질-

研究生在韩留学专用
论文写作指南

-探寻留学的意义与本质-

목 차

目 录

들어가며: 이 교재를 집필한 이유

필자는 미국에서 석사, 박사를 마치고 국내로 복귀해서 한 사립대학교에서 대학원 유학생들을 지도하고 있다. 국내 대학원 유학생들을 지도하면서 연구계획서와 연구 발표를 학기마다 진행하고 있다. 복잡한 도표와 그림으로 발표를 마친 한 명의 학생에게 필자 역시 이쪽 분야에 관심이 있다고 말하면서, 이론적 배경이 무엇인지 질문을 하였다. 놀랍게도 그 학생은 본인의 학위논문의 정확한 이론적 배경을 모르고 있었다. 그 학생뿐만 아니라 다수의 대학원 유학생들이 빨리 졸업하기 위해서 석·박사 학위 논문을 쉽게 접근하고, 졸업장 및 학위취득에만 관심이 있다는 것을 알게 되었다. 필자는 대학원 유학생들이 이론적 배경이 제대로 갖춰지지 않은 학위논문을 진행한다는 사실에 매우 놀랐고 더불어 이론적 배경과 선행연구 정리를 제대로 구분하지 못한다는 사실에 다시 한번 충격을 받았다.

국내 대학들이 감소하는 학부 신입생의 숫자를 보충하기 위해 해외 유학생들을 적극적으로 유치하고 있다. 특히 국내로 석사, 박사학위를 취득하기 위하여 많은 대학원 유학생들이 입국하고 있는데, 과연 한국 대학의 교수자인 필자는 대학원 유학생들을 제대로 교육하고 있는가에 대한 심각한 자기성찰과 반성을 해야 할 시점이라고 생각했다.

올바른 연구 단계를 거치지 않고, 쉽게 2년 안에 또는 2년 반 만에 졸업해야 한다고 말하는 국내 대학원 유학생들을 보면서, 미국에서 박사학위를 4년 만에 졸업하고 국내로 다시 돌아온 필자는 이게 과연 가능한 일인가 계속 생각하게 되었다. 이러한 이유로 논문의 올바른 방향성과 연구단계 및 학위논문 쓰기 및 지도에 대해서 깊게 고민을 하였고, 이 교재(핸드북)를 집필하게 된 계기가 되었다.

前言：编写本教材的原因

笔者在美国结束硕博士的学习之后回到韩国，目前在一所私立大学的研究生院工作，指导的学生多为留学生。韩国大学研究室院的留学生们，每个学期都会进行论文计划书与研究进行现状的发表。在听完一位学生对复杂的图表进行的详细解说之后，笔者发现是自己感兴趣的研究领域，便提问该学生：相关的理论背景是什么？然而令人感到吃惊的是，学生并不知道自己学位论文的理论背景。笔者了解到，并不只是这一位学生，大多数研究生院的留学生们都只为了早日毕业，就轻易地展开了硕博士论文的研究。换句话说，他们的目的只是为了得到毕业证和学位证。笔者对韩国研究生院的留学生们撰写着没有理论背景的学位论文非常震惊，并在得知大多学生们都无法区分理论背景和先行研究时，再一次受到的冲击。

为了弥补韩国本土大学生数量的缺失，韩国大学积极从国外招收了大量留学生。特别是大批研究生院的留学生为了取得硕博士学位证来到韩国。笔者作为教学者，是否积极有效的指导了这些研究生院的留学生？笔者认为应该对此进行深刻地自我反省与反思。

韩国国内研究生院的留学生们没有经历合理的研究阶段，认为两年或者两年半时间就能轻易地毕业。而美国的博士阶段最少4年才可以毕业，对于从美国毕业回国的笔者来说，对于如此短的时间是否能达到毕业的要求感到疑惑。基于这样的原理，笔者对论文正确的研究阶段和合理的研究方向，以及学位论文的写作与指导展开了深入的思考，从而撰写的本教材。

본 교재는 다음과 같은 목적 달성을 위하여 구성되었다.

▶ 대학원 유학생들의 잘못된 연구문화와 연구 관행을 바꾸기

▶ 대학원 유학생들에게 올바른 연구 단계와 방향성을 제시

▶ 학위논문에서 이론적 배경의 중요성을 강조

▶ 이론적 배경과 선행연구는 서로 다른 개념이라는 것을 강조

▶ 연구'방법론'은 테크닉 일뿐, 학위논문 연구의 본질이 될 수 없다는 사실을 강조

▶ 유학의 진정한 의미와 본질에 대해서 성찰

▶ 앞으로 대학원 유학생을 올바르게 지도하기

2021년 10월
연구실에서
이용직

本教材的目的如下：

▶ 转变韩国研究生院的留学生们错误的研究文化和研究习惯

▶ 向研究室院留学生们展示正确的研究阶段和合理的研究方向

▶ 强调学位论文中理论背景的重要性

▶ 强调理论背景和先行研究是不同的两个概念

▶ 强调研究"方法论"只是技术，不能成为学位论文的研究本质

▶ 省察留学真正的意义和本质

▶ 未来正确地指导研究生院的留学生

2021年 10月
写于研究室
李勇直

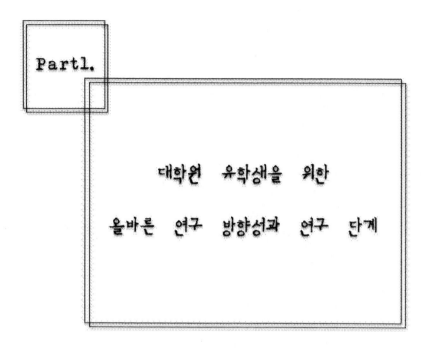

Part1.

대학원 유학생을 위한

올바른 연구 방향성과 연구 단계

Part1.

研究生留学

研究方向的合理性和正确的研究

阶段

1장 연구를 시작하기 전 생각해 볼 문제

1. 연구자의 경우 (교육학의 예시)

o 나의 연구목적은 무엇인가?

o 학위논문의 정의와 본질은 무엇인가?

o 나는 무엇을 위해 학위논문을 쓰는가?

o 나는 누구를 위해 학위논문을 쓰는가?

o 나는 학위논문을 왜 쓰는가?

o 나는 무슨 교육적 문제를 해결하기 위해서 연구를 시작하는가?

o 내가 쓰는 학위논문의 교육적 효과(학문적 기여도 및 학교현장에의 실제적 기여도)는 무엇인가?

o 연구를 통해서 내가 밝혀내고자 하는 것은 무엇인가?

위의 질문들에 대해서 본인이 스스로 답할 수 있어야 연구의 본질에 부합하는 이론적 배경 및 연구방법론을 정하여 전개할 수 있다.

第1节 研究开始前需要思考的问题

1. (以教育学为例)对研究者来说：

- 我研究的目的是什么？

- 学位论文的定义和本质是什么？

- 我的学位论文要写什么？

- 我的学位论文是为谁而写？

- 我为什么要写学位论文？

- 我做这项研究是为了解决什么教育问题？

- 我的学位论文有何教育意义？(学术性意义或教学实践意义)

- 通过研究，我发现了什么？

研究者只有回答了以上的提问，才能确定符合自己研究本质的理论性背景和研究方法论，并展开研究。

2. 잘못된 연구 단계를 거친 논문의 예시

대학원 유학생 본인이 아래와 같은 방식으로 학위논문을 작성했다면 본 교재를 읽고 나서 다시 한번 생각해서 수정하길 바란다.

가. 변수, 변인(variable) 간의 관계만 측정하고 이론 없이 학위논문이
    진행된 경우

나. 변수, 변인(variable) 간의 관계를 이론적 배경 없이 뒤섞다 보니
    함께 존재할 수 없는 이론들이 막 뒤죽박죽 섞여버린 학위논문

다. 이론적 배경을 나중에 뒤늦게 끼워 맞춰서 실제 그 이론적 배경을
    연구결과 부분에 적용해서 바르게 설명하지 않는 학위논문

라. 이론적 배경과 선행연구 정리를 제대로 구분하지 못한 학위논문

마. 실증연구의 연구결과를 구체적인 연구 문맥과 연구대상자에 따라서
    제대로 정리하거나 구성되지 않는 학위논문

바. 결론 및 논의 부분에 비판적 사고, 통찰력 등이 부족한 학위논문

사. 연구방법을 테크닉적으로 접근하다 보니 연구의 본질을 놓친 연구

아. 본인 연구의 독창성에 대해서 제대로 설명하지 못한 학위논문,
    즉 기존에 진행되었던 것만 반복함으로써 새로운 연구결과 도출이
    없는 학위논문

자. 내용(콘텐츠)에는 새로운 내용이 없고, 연구방법 테크닉을 활용한
    방법적인 부분만 강조한 학위논문

2. 错误研究阶段的论文示例

各位留学生如果发现自己是按照下列方式撰写的博士论文，希望大家在阅读本教材之后重新思考并修改。

1）在论文中，只是测量变量（variable）间的关系，却没有理论背景支持。

2）学位论文不依据理论，随意把变量之间的关系混在一起；将不存在的理论混在一起。

3）在论文的最后阶段才开始挑选理论背景附加在论文上，但理论背景不适用且无法说明研究结果。

4）论文不能区分理论背景和先行研究。

5）论文运用实证研究，但其研究结果没有按照具体的研究过程与研究对象进行整理。

6）论文的结论部分缺少批判性思维和洞察力。

7）论文运用的研究方法只依赖技术，忽视研究本质。

8）论文缺乏独创性。即，论文重复进行与先行研究相类似的研究，结果没有新发现。

9）专业领域相关内容（content）缺乏时新性，只在研究方法中强调运用了新技术。

2장 바람직한 연구 단계와 방향성 설정

국내 대학원 유학생을 위한 논문작성에 있어 바람직한 연구 단계를 중요하게 강조하는 이유는, 잘못된 연구 방향성과 단계를 선택했을 경우, 반드시 진행되어야 하는 기본적인 연구 단계를 거치지 않고 쉽게 학위논문 작성에 접근한다는 점이다.

1. 학위논문의 연구를 시작할 때는 다음과 같은 단계를 반드시 거쳐야 한다.

가. 본인 전공 분야에 발생한 사회적 또는 교육적 이슈나 문제를 발견

나. 연구주제와 목적을 먼저 명확히 설정

다. 주제에 관한 선행연구를 읽고 본인만의 전문영역 설정

라. 주제에 적용되는 이론을 찾아보고 이해

마. 그 분야에 관한 선행연구 정리를 논문의 1장, 2장을 통해 작성

바. 그 주제에 알맞은 연구방법을 찾아서 적용

사. 적절한 연구방법을 사용하여 데이터를 수집하고 분석

이러한 연구의 절차와 순서를 명확히 거치지 않고 몇몇 대학원 유학생들이 기초적으로 진행되어야 하는 연구순서와 단계를 생략한 채로 학위논문을 작성하고 있다. 더불어 대학원 유학생들이 연구 '방법론'의 테크닉적인 부분을 가지고 본인의 주제에 억지로 변수, 변인(variable)을 끼워 맞춰서 연구를 진행하고 있는 것을 많이 볼 수 있다.

선행연구를 살펴볼 때, 서론 뒤에 명확한 이론을 제시하고 그 이론에 기본 바탕을 두고서 변인을 측정하고 설명한 질(Quality)높은 선행연구를 찾아봐야 한다.

第2节 确立正确研究阶段和方向性

针对在韩国留学研究生的论文撰写，强调确立正确的研究方向是非常必要的。如果选择了错误的研究方向和写作方式，没有经历最基本的研究过程，就会产生撰写学位论文非常容易的错觉。

1. 对学位论文的相关研究开始之前，一定要经历以下几个阶段。

1）发现自己研究领域中存在的社会性问题或教育性问题
2）首先明确自己的研究主题和目的
3）阅读与该主题有关的先行研究并设定自己的研究范围
4）找到并理解适用于该主题的理论
5）通过整理与该领域相关的先行研究，完成论文的第1，2章
6）寻找并应用与主题相符的研究方法
7）通过合适的研究方法收集并分析数据

一些留学研究生在没有明确这些研究顺序和步骤的前提下，省略了诸多基础步骤。甚至，很多学生本末倒置，先确定研究方法论的"技术部分"，之后勉强地添加一些符合自己主题的变量(variable)。

浏览先行研究的时候，需要参考高质量(High Quality)的先行研究。即，绪论之后有明确的理论基础，并根据理论基础测量和解释变量。

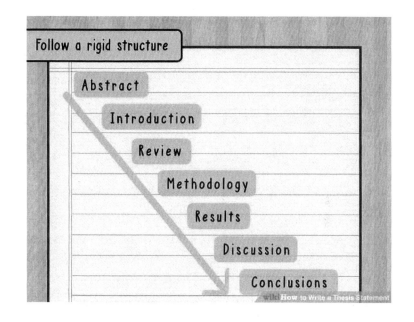

[그림1] Follow a rigid structure[1]

만약 변수, 변인(variable)에 관한 선행연구만 찾았을 경우, 구체적으로 그 변인들이 실제 교육현장에 적용되어서 어떤 문맥과 특정한 연구대상자를 상대로 교육적 효과를 보여줬는지에 대한 제대로 된 선행연구 정리가 안 되었을 가능성이 매우 크다. 위 [그림1]을 참조해서 올바른 연구단계의 순서를 거쳐서 연구를 진행해야 될 필요성이 있다.

---

1) https://www.wikihow.com/Write-a-Thesis-Statement#/Image:Write-a-Thesis-Statement-Step-13.jpg

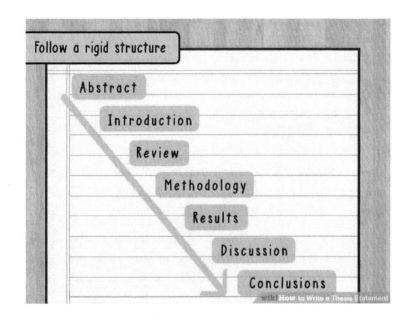

[图 1] Follow a rigid structure[2]

如果只参考与研究变量(variable)有关的先行研究，那么在整理先行研究时，很可能遗漏重要的部分。即，这些变量具体是怎么运用到实际的教学实践当中的，特别的情况下对特定的对象有何教育效果等重要部分，就不会体现在自己的论文中。因此，参考以上[图1]按照正确的研究步骤和顺序进行研究是非常必要的。

---

2) https://www.wikihow.com/Write-a-Thesis-Statement#/Image:Write-a-Thesis-Statement-Step-13.jpg

2. 바람직하지 못한 학위논문의 예시

1장 서론
- 본인의 연구목적과 주제가 분명하게 드러나지 않는 논문

2장 선행연구
- 이론적 배경이라고 적었는데 실제 이론은 빠져있는 경우
- 이론적 배경과 선행연구정리가 서로 구분이 되지 않는 경우
- 선행연구 정리에서 변수나 변인(variable) 간의 관계만 생각한
  나머지 그 변인이 어떻게 구체적인 연구 목적에 적용되어서
  연구결과가 도출되었는지 체계적으로 정리가 안 된 경우

3장 연구방법론
- 구체적인 연구 목적과 연구대상이 명시되지 않는 논문

4장 연구결과
- 연구자 본인의 분석 틀(예: 연구문제)에 맞게 체계적으로
  연구결과 제시가 조직되지 못한 논문

5장 논의
- 2장에서의 이론적 배경이 본인 연구결과에 어떻게 적용되고
  어떻게 새롭게 해석되는지 명확히 기술되지 않는 경우
- 2장의 선행연구 결과와 일치, 불일치를 설명하면서 구체적으로
  본인 연구만의 가치를 깊이 있게 토론하고 설명하지 못한 경우

6장 결론 및 제안
- 연구결과를 통한 분명한 교육적 효과나 미래의 새로운
  연구방향성에 대한 제안이 없는 경우

2. 不可取的学位论文示例

第一章 绪论
 − 没有明确突出研究目的和主题

第二章 先行研究
 − "理论背景"的标题下，却没有实际的理论
 − 没有区分"理论背景"和"先行研究整理"
 − 在先行研究的整理中，只考虑变量之间的关系，没有整理该变量如何具体的适用于本论文的研究目的，以及产生了怎样的影响结果

第三章 研究方法论
 − 没有明确体现研究目的及研究对象

第四章 研究结果
 − 没有体现研究者符合自己框架（例如：研究问题）的具体的研究结果

第五章 讨论
 − 没有体现第二章中的理论背景如何适用于自己的研究结果，且无法对理论背景进行全新的解释
 − 研究结果与第二章的先行研究一致或者不一致时，没有具体说明原因，没有深入探讨自己研究的价值。

第六章 结论和建议
 − 无法通过研究结果，对教育成效和未来新的研究方向提出有效的建议

위의 예시와 같이 잘못된 연구 단계와 방향성을 거치면 학위논문의 결론 및 논의 부분에서 선행연구와 일치하는 점은 기술할 수 있지만, 선행연구와 불일치 하는 점은 왜 그런지 설명이 제대로 되지 않는 경우를 발견할 수 있다.

더불어 결론 및 제안 부분에서 본인 연구만의 새로운 독창성에 대한 부분이 부족할 수밖에 없는데 그 이유는 남들이 했던 과거 연구를 반복적으로 확인하는 연구이기 때문에 그럴 가능성이 크다. 결국, 이러한 논문은 글을 읽는 독자에게 호기심을 불러일으킬 수 없다.

如果大家也经历过上述的错误研究过程，就会发现学位论文最后的结论和讨论部分中，会出现这样的情况：我们可以解释与先行研究一致的部分，但却无法解释与先行研究不一致的部分。

撰写结论和建议部分时如果发现自己研究的没有创新点时，那么很可能你在重复地验证先行研究已验证过数百遍的结论。读这样的文章，并不会诱发读者的好奇心和继续阅读的欲望。

3. 위에서 설명한 잘못된 연구 방향성을 바꾸기 위해서 아래와 같은 연구 단계를 제안한다.

연구 단계 제안점	1) 핵심키워드를 정하여 구체적 전문분야 논문 읽을 것 2) 본인의 전문분야 확정, 연구주제와 목적 확정할 것 3) 본인 학위논문 키워드에 관한 선행연구를 본인이 실제 글로 정리해서 완성할 것 4) 논문의 1장과 2장을 먼저 완성할 것 5) 1장과 2장 완성 이후에 실제 자료 수집을 시작할 것 6) 데이터 분석할 것 7) 학위논문 쓰기 완성할 것

위 단계나 순서를 명확히 따라서 학위 논문의 연구를 진행할 것을 제안한다. 특히, 선행연구 정리를 제대로 된 글로 적지 않는 상태에서 쉽게 자료를 수집하면 안 된다는 점을 강조하고 싶다. 그 분야의 논문을 몇 편 읽어본다고 해서 본인의 전문분야가 되지 않는다. 실제 글로 써보기 전에는 그 분야에 대해서 정확히 이해하고 정리했다고 말하기 힘들다.

대학원 유학생의 경우 제2언어로 글을 쓰면, 본인의 생각을 100% 표현하는 것이 쉽지 않다. 결국, 유학생은 제2언어로 글을 써보기 전까지는 머릿속의 내용이 구체적으로 정리되었다고 보기 힘들다. 반드시 선행연구를 읽고 이를 바탕으로 실제로 글을 쓰는 습관을 형성하기 바란다.

3. 为转变上述提到的错误研究方法和过程，我们提出以下正确的研究步骤。

研究 步骤 建议	1）确定了核心关键词后，阅读该领域的相关论文 2）确定自己的研究领域，研究主题及研究目的 3）要将与自己论文关键词有关的先行研究要整理成文字 4）首先完成论文的第1，2章 5）第一章和第二章完成之后，开始收集数据工作 6）分析数据 7）完成初稿

建议明确按照以上的步骤和顺序进行学位论文的研究。要特别强调的是，在整理完先行研究之前，一定不要轻易开始收集数据。不能是仅仅阅读了几篇某领域的论文，就将其定义为自己的研究领域，在实际写成文章之前，我们很难说已经全面了解了该研究领域。

对在韩的留学生们来说，用第二外语能百分之百(100％)精确地表达自己的想法其实很难。换句话说，因为是使用第二外语，所以在形成具体的书面文字之前，留学生们很难仅在脑海中就能将具体的内容整理清楚。因此，大家一定要形成阅读完先行研究之后马上整理成书面文字的习惯。

4. 한 분야에 대한 이론적 배경과 선행연구 정리의 예시

Chapter 2. Literature review

가. 이론적 배경 → Theoretical framework or background

나. 핵심 키워드 제시

다. 핵심 키워드와 변인간의 관계 탐구

라. 체적 연구문맥과 상황에 적용된 실증연구 결과 정리

마. 구체적인 연구대상으로 적용된 실증연구 결과 정리

바. 선행연구 정리를 통한 본인만의 독창적인 연구 분석 틀 제시
　　→ Conceptual framework

　영어로 글을 쓴다면, Literature review라고 2장의 전체 제목을 설정하고 그다음 이론적 배경을 Theoretical framework or background 쓰는 것이 올바른 순서이다. 2장의 마지막에는 선행연구를 통한 본인만의 독창적인 연구 분석 틀(Conceptual framework)을 제시해야 한다.

4. 对一个领域的理论背景和先行研究整理示例

Chapter 2. Literature review

1) 理论框架或理论背景
   → Theoretical framework or background

2) 展示核心关键性

3) 探索核心关键词与变量间的关系

4) 整理适用于自己研究过程和现状的实证研究结果

5) 整理适用于具体研究对象的实证研究结果

6) 通过整理先行研究，展示自己独特的研究分析框架
   → Conceptual framework

用英语写作的正确顺序是：第二章的标题为"Literature review"，"Theoretical framework or background（理论性背景）"为第二章的下级标题。通过先行研究的整理，在第二章的最后，一定要展示本论文独一无二的研究分析框架（Conceptual framework）。

Literature Review Structure

✓ Introduction
✓ Theoretical Framework
✓ Subsections Based on
  Research Questions or
  Objectives
✓ Conceptual Framework
✓ Summary

[그림2] Literature Review Structure[3]

위 [그림2]는 2장 선행연구의 전체적인 구조와 틀을 제시한 그림이다. 영어로 학위논문을 작성하는 국내 대학원 유학생은 참고해서 실증연구 정리를 구체적이고 자세하게 기술해서 독자의 흥미를 불러일으킬 수 있는 학위논문을 작성하길 바란다.

---

3) http://study-aids.co.uk/dissertation-blog/what-is-a-literature-review/

Literature Review Structure

- ✓ Introduction
- ✓ Theoretical Framework
- ✓ Subsections Based on Research Questions or Objectives
- ✓ Conceptual Framework
- ✓ Summary

[图　2] Literature Review Structure[4]

[图2] 展示了学位论文第二章的整体结构和框架。为在韩留学生中用英语撰写学位论文的学生们提供参考。在将来进行研究时，可以具体详细地记述实证研究结果，撰写出另读者感兴趣的论文。

4）http://study-aids.co.uk/dissertation-blog/what-is-a-literature-review/

5. 질(Quality)높은 논문이란?

1장 서론
- 본인의 연구목적과 주제를 논리적으로 명확하게 표현한 서론
- 연구의 필요성이 사회 및 교육적 문제해결 방식으로 제시된 글

2장 선행연구 (이론적 배경 포함)
- 이론적 배경의 설명이 명확함
- 이론적 배경과 논문 핵심주제의 관계가 정확히 표현됨
- 실제 측정하고자 하는 문맥과 구체적인 대상자에 변인을 적용한
  실증연구 결과가 명확히 정리된 글

3장 연구방법론
- 연구방법론이 명확히 표현되어 가독성이 높은 글
- 연구 문맥, 연구대상자, 데이터수집, 데이터 분석 등에 대한
  자세한 묘사가 서술된 글

4장 연구결과
- 연구결과를 설명할 때 본인만의 분석틀을 바탕으로 결과제시가
  조직적으로 구성된 글

5장 결론 및 논의
- 2장의 이론적 배경이 본인 연구결과에 따라서 명확히 적용된 글
- 실증적 선행연구의 결과가 본인 연구결과와 일치하는지 불일치
  하는지 명확히 정리된 글
- 기존의 선행연구에서 진행되지 않는 본인 연구만의 독창성이
  표현된 글

5. 什么是高质量(Quality)的论文？(示例)

第一章 绪论

- 绪论中明确且有条理地表述了研究目的和研究主题

- 研究必要性中能体现本研究将对社会性问题或教育性问题提出建议

第二章 先行研究（包括理论性背景）

- 能够明确地解释说明相关理论性背景

- 能够明确地描述理论性背景和论文核心主题之间的关系

- 先行研究中详细地整理了符合实际测量的过程和特定研究对象的变量有关的研究结果

第三章 研究方法论

- 能够明确描述研究方法且可读性高

- 内容中包括了研究过程，研究对象，数据的收集和分析

第四章 研究结果

- 在表述研究结果时，能够基于自己提出的结构框架（在第二章结尾）进行

第五章 结论及讨论

- 能够明确说明研究结果如何适用于第二章的理论背景

- 能够明确地整理出本研究的实证研究结果中，与先行研究的结果一致与不一致的部分

- 能够包含先行研究中未能涉及的创新点

---

6. 실험연구를 할 때 연구자의 윤리성
(미국 IRB 과정 예시: Institutional Review Board[5])

필자가 미국에서 박사를 마치고 국내에 돌아와 연구과정에서 의아하게 느낀 점은 IRB 과정 없이 데이터를 수집하고 진행할 수 있다는 사실이었다. IRB 과정을 생략하게 되면 데이터를 손쉽게 수집하고 학생들의 구두 동의만 있으면 빠르게 연구가 진행되는 장점이 있다. 하지만, 연구 설계를 할 때 깊은 사고를 하면서 연구를 진행할 수 없게 되고, 더 큰 문제는 대학원 유학생들이 스스로 연구 준비가 되지 않는 상태에서 성급하게 데이터를 수집해서 연구를 진행한다는 문제점이 있다.

미국 대학에서는 IRB 과정을 거치지 않고 수집한 데이터는 전부 다 무효처리되고, 그리고 IRB 문서에 명시되지 않는 데이터를 수집했을 경우, 그 데이터는 학술적 목적으로 사용할 수 없다. 더불어 명확히 명시된 IRB 동의서에 제시된 데이터 수집기간에 있는 데이터만 사용해야 한다는 연구자의 윤리성과 양심에 대해서 많은 교육을 진행하고 있다.

국내 대학원 유학생들을 가르치면서 매우 놀랐던 부분은, 학생들이 본인의 논문 1장과 2장을 제대로 된 글로 정리하지 않는 상태에서 바로 데이터를 수집하러 들어가는 부분이다. 그리고 많은 유학생이 실험연구를 진행하면서, 실험군과 대조군으로 진행하는데, 여기에서 가장 큰 문제는 실험 대상자들이 실험용 쥐가 될 가능성이 큰 것이다. 다음의 예시를 통해서 더 구체적으로 설명하고자 한다.

---

5) http://irb.ufl.edu/

6. 实验研究中研究者的伦理
－以美国IRB流程为例：Institutional Review Board[6]

笔者在美国博士毕业回国进行研究时，惊讶地发现国内没有IRB流程直接进行数据的收集工作。省略IRB流程的优点是，只需要经过学生的口头同意就可以轻松地收集数据并快速地展开研究。但如此一来，在设计研究时，就不会边深入思考边进行研究，更大的问题是研究院的留学生们就会在没有做好研究准备的情况下，仓促地收集数据并进行研究。

美国的大学中，所有未经IRB流程就收集到的数据将会被全部作废，且收集的数据中，若存在未在IRB文件中标识的数据，该数据则不被允许用于学术目的。并且，该数据只能在IRB同意书上所明确注明的时间期限之内使用。以此对研究者的研究伦理和良知进行教育。

在指导韩国研究生院的留学生时，最令笔者感到震惊的是：学生们在没有写完论文的第一，二章的情况下，就已经开始收集数据了。很多留学生还进行了实验研究，将研究对象分成了实验组和对照组。其中最大的问题是：实验组作为研究对象，很可能成为了此研究的小白鼠。本文将通过下列示例进行详细地说明。

---

6) http://irb.ufl.edu/

　연구자가 한 명의 교수자를 중심으로 언어 교수법에 따른 언어교육 효과를 연구주제로 한다. 의사소통중심 방법과 문법중심 방법, 두 가지를 비교 대조하려고 한다.

　의사소통 중심법 vs 문법중심 교수법으로 실험 비교를 하면 문법 중심에 들어가 있는 학생들은 의사소통중심 방법을 제대로 배우거나 경험하지 못한 채 졸업하게 된다. 문법중심에 들어있는 학생들의 교육적 결핍이나 부족에 대해서 교수자와 연구자는 어떻게 조처했는가?

　한 교수자를 중심으로 교사교육 양성 프로그램 내에서 마이크로티칭 경험을(시범수업, 수업시연) 가진 교실과 그 경험이 없는 교실을 비교한다. 문제는 예비교사의 수업시연과 관련된 마이크로티칭 경험은 매우 중요하기 때문에 실험연구 때문에 이러한 경험을 못 하게 되었을 경우, 나중에 예비교사가 교생실습에 들어갔을 때 매우 어려움을 겪을 수 있다.

　마이크로티칭을 경험하지 못한 예비교사들의 교육적 결핍이나 부족에 대해서 교수자와 연구자는 어떻게 조처했는가?

　이러한 부분들이 IRB 문서를 작성하면서 꼼꼼히 체크되어야 되는 부분이다. 결론적으로 실험연구에서 한 그룹의 집단은 교육적 효과나 경험을 하지 못하기 때문에 사후에 어떻게 케어를 해 줄 것인가에 대해서 연구자와 교수자가 같이 고민해봐야 하는 부분이다. 아래[그림3]는 미국 대학의 IRB의 단계를 설명한 그림이다.

　　一名研究者的主题为：传统教师为主的语言教学法的教学效果。将交际式教学法和传统语法翻译式教学法进行比较研究。

　　在交际式教学法和语法翻译式教学法的实验比较中，采用语法翻译式教学的学生们，在没有经历过交际式教学的情况下就毕业了。教师和研究者应该如何弥补这些学生在教育上的缺失呢？

　　一位教师将教师教育培养项目中实施微格课堂（课堂示范、模拟课堂）的班级和没有实施微格课堂的班级进行对比。微格课堂与职前教师的课堂演习经验息息相关，课堂演习经验对于职前教师而言是非常重要的。由于实验研究的要求，而没有课堂演习经验的职前教师，在日后的实习过程中，将会遇到一定的困难。

　　教师和研究者应该如何弥补这些没有微格课堂经历的职前教师在教育上的缺失呢？

　　这些都是在编写IRB文件时应该仔细核对的部分。总结来说，就是在实验研究中，实验集团在缺失一定的教育经历时，日后应该得到怎样的关照和补偿？这是研究者和教学者应该一起思考的问题。[图3]是美国大学的IRB流程。

---

7) https://ualr.edu/irb/

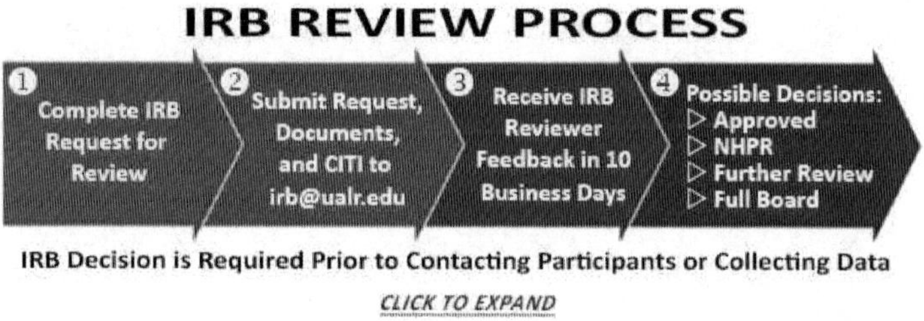

IRB REVIEW PROCESS

| ❶ Complete IRB Request for Review | ❷ Submit Request, Documents, and CITI to irb@ualr.edu | ❸ Receive IRB Reviewer Feedback in 10 Business Days | ❹ Possible Decisions: ▷ Approved ▷ NHPR ▷ Further Review ▷ Full Board |

IRB Decision is Required Prior to Contacting Participants or Collecting Data

CLICK TO EXPAND

[그림3] IRB Review Process[7]

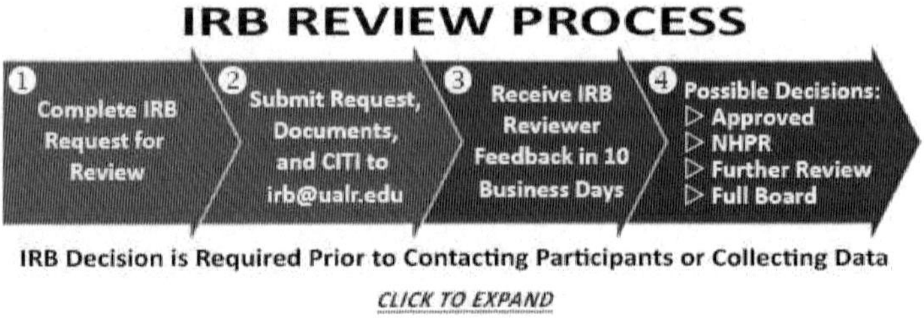

IRB REVIEW PROCESS

❶ Complete IRB Request for Review

❷ Submit Request, Documents, and CITI to irb@ualr.edu

❸ Receive IRB Reviewer Feedback in 10 Business Days

❹ Possible Decisions:
▷ Approved
▷ NHPR
▷ Further Review
▷ Full Board

IRB Decision is Required Prior to Contacting Participants or Collecting Data

CLICK TO EXPAND

[图 3] IRB Review Process[8]

---

8) https://ualr.edu/irb/

3장 서론 작성을 위한 준비단계

대학원 유학생은 학위논문의 서론을 작성하기 이전에 다음과 같은 질문에 스스로 대답을 할 수 있어야 한다. 교육분야의 예를 통해서 설명을 진행하려고 한다.

1. 논문을 왜 쓰는가?

본인이 궁금해하는 연구 질문에 대한 해답을 찾는 과정이다. 본인이 궁금해하는 교육현상과 교육문제에 대해서 1장에서 자세히 기술해야 할 필요성이 있다. 논문을 빨리 써서 학위를 취득하고 빨리 졸업하겠다는 마인드로 연구에 접근하면 논문의 퀄리티가 떨어질 수밖에 없다. 박사논문이란 본인의 깊이 있는 통찰력이 필요한 과정이다.

2. 그렇다면 학위논문을 통해서 무엇이 이루어져야 하는가?

연구를 통해서 본인이 탐구하고자 하는 교육적 문제나 이슈에 대한 해답 및 정답을 찾아가는 과정이라고 볼 수 있다. 결국, 전 세계 단 하나밖에 없는 본인 자신만의 (타인의 연구가 아니라) 교육적 문제나 이슈에 대한 해답 및 정답, 즉 해결책을 도출해내야 한다. 문제해결적인 연구접근 방법은 통찰력이나 비판적인 사고를 할 수 있는 데 큰 도움이 된다.

□ 본인만의 해답 및 정답이란 것은 구체적으로 무엇인가?

본인 학위논문의 결론 및 제안 부분에 본인이 도출해낸 연구결과를 바탕으로 하여, 본인만의 이론적 틀과 제안 체계를 만들어야 하고, 새로운 교육적 프로그램을 개발해내야 하고 현장에 적용할 수 있는 적합한 틀을 만들어서 제안해야 된다.

第3节 绪论(引言)写作的准备阶段

留学生在撰写学位论文的绪论(引言)之前，先要能够回答以下的问题。这里以教育学专业为例子展开说明。

1. 写论文的原因是什么？

写论文是为自己感兴趣的问题探索答案的过程。所以需要在第一章详细地阐述自己感兴趣的教育现象和问题。若是一味地追求速度，以快速写完论文拿到学位毕业为目的而做研究，那么将很难写出高质量的文章。特别是博士论文需要研究者深厚的洞察力。

2. 通过学位论文应该达到什么效果？

研究可以看作是寻找想探寻的教育问题或热点的解释与解答的过程。即，只属于研究者本人对教育问题或热点的解答，应提出全世界独一无二的解决方案。问题解决式的研究方法对个人的洞察力和批判性思维的发展具有重要意义。

□ 只属于研究者本人的解释和解答具体指：
在学位论文的结论和建议部分中，以本文的研究结果为基础，建立一个自己的理论框架和建议体系。开发一个新的教育项目并建立一个可以运用到教学实践中的框架。

3. 실증적 연구데이터를 수집하는 논문의 경우
(Empirical research data)

남들이 다 하니까 따라 하는 연구 분야는 본인만의 깊은 성찰과 반성이 부족 할 수밖에 없다. 선행연구만 잘 정리하는 논문들은 본인만의 연구 독창성 및 색다름이 부족하다. 더불어, 짧은 시간내에 학위를 취득하는 것이 중요한 것이 아니라 어떻게 하면 질(Quality)높은 논문이 될지 올바른 연구 방향성에 대해서 고민하고 생각해야 한다. 다른 연구자가 진행한 선행연구는 본인 연구의 참고자료일 뿐, 본인 학위논문 그 자체의 목적이 될 수 없다. 그러나 교육 철학을 주제로 하는 논문은 문헌연구법을 사용할 수도 있다.

4. 교육학에서 필요한 교육적 효과가 있는 논문이란?

교육적 문제나 이슈에 대해서 본인만의 교육적 해답을 제공해야 한다. 이러한 과정은 프로그램 개발, 수정, 완성 등의 경우가 있다. 또한, 수업의 개선 발전, 수정, 완성 등도 있다. 본인만의 교육적 효과에 대한 구체적 제시가 반드시 있어야 된다.

5. 본인 모국어로 번역된 책이나 자료만을 읽었을 경우의 문제점

본인 연구 분야의 최신 자료나 흐름을 따라갈 수 없다. 본인의 모국어로 번역된 자료는 내용을 이해하기 위한 참고자료로 사용되는 것이지 계속해서 번역기 사용이나 번역본만을 가지고 공부하면 영어로 작성된 최신 연구와 논문 흐름에 대해서 따라가지 못하고, 현 시대에 뒤떨어진 연구만 계속하게 되는 우려가 있다. 결국, 본인의 독창성이 없는 연구, 특히 현재 시점에서는 큰 의미 없는 연구를 진행할 수밖에 없다.

3. 关于收集实证研究数据的论文（Empirical research data）

我们观察到学生们的论文大多在做该领域已经做过的研究，这样的论文必然会缺乏深度的洞察和反思。只是单纯整理先行研究的论文也必然缺少研究者自己的特色和独创性。

大家要知道，重要的不是短时间内取得学位，而是要考虑如何提高自己论文的质量（Quality），如何找到合理的研究方向。先行研究只能作为参考资料，不能代替成为本文的研究目的。但是，以教育哲学为主题的论文则例外。教育哲学的论文可以使用文献分析法。

4. 在教育学领域中什么是有教育成效的论文？

要对教育问题或热点提出自己的解答。这个过程包括：教育项目开发、修正、完善，课程的改善发展、修正、完善等。一定要体现具体的教育成效。

5. 只参考中文译本的书或资料会产生的问题

论文不能紧跟该研究领域的最新动向。为了方便理解内容，通过参考中文文献、使用翻译器、查找中文译本等方式进行学习的话，无法及时了解国际最新的研究动向，只能一直做着落后这个时代的研究。结果就是，所做的研究缺乏独创性，特别是对于现代社会没有特别大的意义。

6. 대학원 유학생이 졸업후 대학에서 연구자가 된다는 것의 의미

영어 원문을 읽을 수 있어야 하고, 영어로 글을 작성하여 국제 학술지에 영어 논문을 출간하고 국제 학술 대회에서 영어로 발표할 수 있는 기본적인 능력이 있어야 한다. 콘텐츠를 이해하는데 있어서 영어 논문을 읽고 쓰는 것은 선택이 아닌 연구자의 필수적인 능력이다

7. 학위논문이란 아래의 내용이 충족되어야 한다.

가. 연구주제의 참신함이 있어야 한다. 지금까지 충분히 연구되지 못한 새로운 핵심 키워드들이 필요하다.
나. 연구 문맥이 참신해야 한다. 기존에 연구가 충분하게 진행되지 않는 연구 공간이나 장소가 필요하다.
다. 연구대상자가 참신해야 한다. 기존 연구에서 다뤄지지 않는 연구대상자에 집중해야 한다.
라. 연구방법론 적용의 참신함과 우수성이 있어야 한다.

위의 방식으로 연구가 진행되어야 학위논문의 결론이나 결과 자체도 기존에 없는 참신함이 나올 수 있다. 남들이 하는 방식을 똑같이 따라 해서 통일하게 진행한다면 결과 부분에서 참신한 내용이 나올 수 없다. 연구를 설계하는 순간부터 새로운 내용을 탐구, 탐험하려는 정신이 필요하다.

6. 研究生留学毕业之后，入职高校成为科研人员的要求：

不仅能读英文原文，也要具备用英语写作、出版国际学术论文、在国际学术大会上用英语进行演讲的基本能力。理解专业知识，读、写英语学术论文不应该是一种选择，而是科研人员必备的能力。

7. 学位论文要满足以下几点要求

1）研究主题要新颖，需要包含先行研究没有涉及到的新的核心关键词。

2）研究过程要新颖，需要包含先行研究没有充分涉及的空间和领域。

3）研究对象要新颖，需要侧重于先行研究没有涉及的群体。

4）要运用先进、优越的研究方法论。

只有依照上述方式进行研究，学位论文的结论才能体现与现存的研究所不同的创新点。然而学生们的论文，多数是用相同的方式做与先行研究相似的研究，结论部分必然不会有新颖的内容。因此，从设计的研究开始，就要具备对新内容的探索精神。

아래 [그림4]는 학위논문의 서론부터 선행연구까지의 진행단계를 구조적
으로 표현하였다.

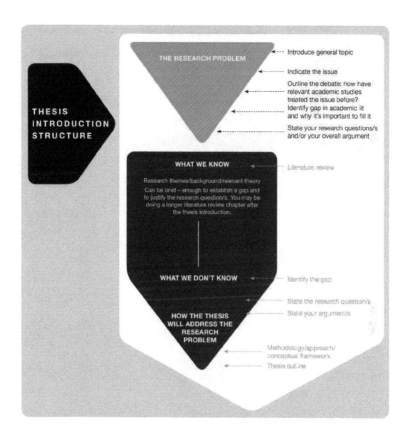

[그림4] Thesis Introduction Structure[9]

9) https://www.anu.edu.au/students/academic-skills/research-writing/introductions

学位论文从绪论(引言)到先行研究部分的具体步骤，可以参考[图4]。

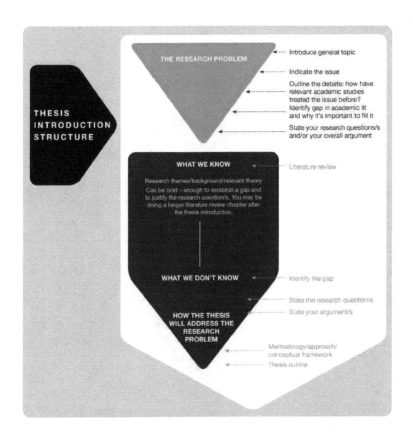

[图 4] Thesis Introduction Structure[10]

10) https://www.anu.edu.au/students/academic-skills/research-writing/introductions

8. 대학원 유학생이 연구자로서 지녀야 할 태도

가. 양적 연구방법과 질적 연구방법 모두 다 할 수 있어야 한다.

본인에게 알맞은 연구방법을 정하는 것은 나중 문제이다. 양적 연구를 주로 하는 사람은 질적 연구의 연구방법론을 적용한 논문을 읽고 이해할 수 있어야 하며, 질적 연구를 주로 하는 사람 또한, 양적 연구의 결과물 해석을 읽고 이해할 수 있어야 한다.

나. 양적 연구를 진행할 때 주의할 점

연구결과가 유의미하다고 해서 긍정적인 시각으로 모든 연구결과를 일반화하고 해석하면 비판적인 시각이 매우 부족할 가능성이 있다. 숫자가 유의미하다고 보고하고 단순히 끝나는 학위논문은 깊은 연구가치를 부여하기 어렵다. 유의미한 결과를 통해 본인 학위논문 결론 및 논의, 제안할 부분에 본인만의 깊은 성찰이 필요하고 그러한 성찰을 통해 교육적 효과에 대해서 심도 있게 논의할 수 있어야 한다.

8. 留学生作为研究者应该持有的态度

1）充分了解量性研究方法和质性研究方法

学位论文应该选用什么样的研究方法是后来才需要考虑的问题。在这之前，做量性研究也需要具备理解和使用质性研究方法的能力。同样，做质性研究也要能解释量性研究结果，具备理解量性论文的能力。

2）进行量性研究的注意事项

如果是用积极的视角去解释显著的研究结果并把所有结果进行普遍化的解释，那将会缺乏批判性的思维。单纯地解释结果是否显著，草草结尾的学位论文很难赋予深刻的研究价值。在学位论文结论和议论、建议部分，研究者需要对显著的结果进行深度地省察，通过研究者的省察提出更深层次的教育意义。

9. 문제해결식 연구 접근방법

연구를 시작할 때 국내 대학원 유학생이 현재 발생한 교육적 문제나 이슈를 어떻게 해결할 수 있는지 문제해결 방식으로 접근하면 통찰력 있는 연구가 진행될 가능성이 크다. 다음의 예시를 살펴보자.

예시1	대학원 유학생 비교연구의 예시
문제 발견	미국의 다문화, 다언어 교사교육 프로그램과 비교했을 때, 한국의 다문화, 다언어 교사교육은 많이 부족한 상황이다.
문제 해결 방식	필자가 유학생의 신분으로 미국에서 배웠던 효과적인 다문화, 다언어 교사교육 프로그램을 사용해서 한국형 다문화, 다언어 교사교육 모델을 만들어서 제시하는 것이 어떨까?
연구 단계	- 다문화 교육의 이론적 배경이 무엇인가? - 이러한 이론적 배경을 활용한 실증연구는 무엇인가?
성찰 단계	- 단순 비교 분석만 하고 끝날 것인가? - 결론에서 이론에 근거한 교사교육 프로그램 모델을 제시해야 하지 않는가? - 미국형을 참조한 새로운 한국형 다문화, 다언어 교사교육 프로그램을 제안해야 하지 않는가?

이렇게 문제해결 방식으로 접근하면 대학원 유학생이 통찰력 있는 시선으로 연구를 진행할 수 있다고 생각한다.

9. 问题解决式研究方法

研究开始时，针对在韩的留学生们应该如何解释现存的教育问题和当前的热点话题，利用解决问题式的研究方法将会使研究更具有洞察力。具体的示例如下：

示例1	研究生院留学生的比较研究示例
发现问题	与美国的多元文化、多元语言的教师教育项目相比较时，韩国的多元文化、多元语言的教师教育显得尤为不足。

↓

问题解决方式	以作者当时作为留学生在美国学习到的多元文化、多元语言的教师教育项目为基础，开发一个韩式的多元文化、多元语言的教师教育模型可行吗？

↓

研究步骤	－ 多元文化教育的理论性背景是什么？ － 运用这样的理论性背景如何进行实证研究？

↓

省察阶段	－ 只做单纯比较分析就结束了吗？ － 是否应该在结论部分展示根据理论得出的教师教育项目模型 － 是否应该参考美式的项目，提出一个韩式的多元文化、多元语言的教师教育项目

像这样运用问题解决式研究方法，可以有效的引导学生们站在一个更具洞察力的角度进行研究。

또 다른 예시를 살펴보겠다.

예시2	온라인 마이크로 티칭(수업시연, 모의수업) 연구

문제 발견	코로나 상황에서 온라인 교육이 중요한데, 기존의 대면 수업 위주로 진행되어 왔던 예비교사의 마이크로티칭(수업시연, 모의수업) 경험을 어떻게 온라인 교육으로 바꿔서 진행할 수 있을까?

↓

문제 해결 방식	온라인 수업을 위해 온라인 마이크로티칭이 들어간 새로운 수업설계를 해서 수업과 연구를 병행해야 하겠다.

↓

연구 단계	– 대면 상황에서 마이크로티칭의 이론적 배경은 무엇인가? – 기존 대면수업에서 마이크로티칭을 적용하여 주로 확인한 변수나 변인은 무엇인가?

↓

성찰 단계	– 대면 수업에서 연구했던 변수나 변인이 온라인 교육상황에서도 여전히 유효한가? – 아니면 온라인 마이크로티칭을 위하여 다른 변수나 변인을 찾아서 확인해야 하는가?

↓

연구 결과 및 제안	– 대면 수업에서 온라인 수업으로 바뀌었을 때 기존의 선행연구와 다른 연구결과가 도출 – 기존 연구와 다르게 도출된 연구결과를 어떻게 바르게 해석하고 분석할 것인가?

让我们再来看一个示例。

示例2	线上微格教学(课堂示范, 模拟课堂)研究
发现问题	新冠疫情下线上教育显得尤为重要, 如何将职前教师过去以面授为主进行的微格课堂(课堂示范, 模拟课堂)转移到线上进行?
问题解决方式	为适应线上授课的要求投入线上微格课堂, 重新进行了课堂设计, 课程与研究并行。
研究步骤	－ 面授方式下的微格课堂有关的理论背景是什么? － 适用于既存的面授方式下的微格课堂主要考虑的变量是什么?
省察阶段	－ 面授课程中研究的变量在线上授课的环境中依然有效吗? － 线上微格课堂应该添加哪些新的变量?
研究结果及建议	－ 面授转换为线上授课时, 得到了与先行研究不同的研究结果 － 这样的研究结果应该如何解释?

이런 단계를 거쳐서 본인의 연구를 문제 해결식으로 접근을 한다면, 연구 방법론의 테크닉적인 측면을 뛰어넘어서 본인이 왜 연구를 진행하고 논문을 작성하는지에 대한 연구의 본질과 원리를 깊이 이해할 수 있다.11)

다음의 [그림5]는 문제해결 방식의 단계를 그림으로 설명하였다. 1) 문제를 정의하고, 2) 문제를 분석하고, 3) 무엇을 할지 결정하고, 4) 계획을 세워서 현장에 적용하고, 5) 진행된 과정을 최종 평가하는 방식을 구체적으로 보여주고 있다.

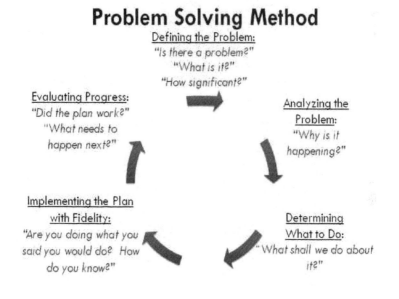

[그림 5] Problem Solving Method12)

---

11) Donovan, M. S., Snow, C., & Daro, P. (2013). The SERP approach to problem-solving research, development, and implementation. National Society for the Study of Education Yearbook, 112(2), 400-425.

12) https://www.linkedin.com/learning/paths/improve-your-problem-solving-skills

运用问题解决式研究方法，经过上述的研究步骤之后，学生就会跳出使用"技术型"研究方法论的圈子，从而思考自己为什么要进行研究，为什么写这样的论文。以此更深刻的理解研究的本质和原理。13)

总结问题解决式研究方法的步骤[图5]：1）定义问题，2）分析问题，3）决定做什么，4）制定计划，适用于实际，5）制定对研究过程的最终评估方式。

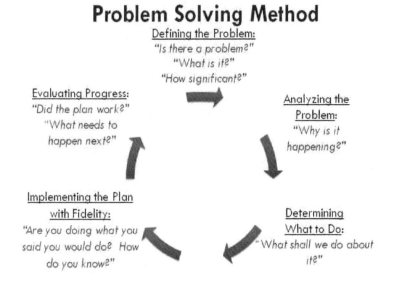

[图 5] Problem Solving Method14)

13) Donovan, M. S., Snow, C., & Daro, P. (2013). The SERP approach to problem-solving research, development, and implementation. National Society for the Study of Education Yearbook, 112(2), 400-425.

14) https://www.linkedin.com/learning/paths/improve-your-problem-solving-skills

4장 학위논문에서 이론의 중요성

필자가 생각할 때 학위논문에서 이론 접근 방식은 크게 3가지 방식이 있다.

첫째. 유명한 학자나 그 분야의 대가가 이미 만든 이론을 본인 학위 논문에 그대로 적용한다.
둘째. 이미 만들어진 이론을 배경으로 대학원 유학생이 스스로 분석 틀을 만들어 연구결과를 재해석한다.
셋째. 대학원 유학생 본인이 이론을 스스로 만들어낸다 (Grounded Theory).

대학원 과정에서 위 3번째의 경우처럼 논문을 진행할 수도 있겠으나 흔치 않은 경우이기 때문에 주로 1번과 2번 중의 하나를 정해서 진행하는 학위논문 작성에 관해서 이야기하고자 한다.

첫 번째 방법은 일반적인 방법으로 많은 학위논문이 이러한 방식으로 진행되고 있다. 기존에 진행된 이론을 그대로 적용하기 때문에 본인만의 독창성이나 새로운 결과 해석이 부족할 수 있다는 단점이 있다.
두 번째 방식으로 진행하면 보통 논문 2장에서 이미 유명한 이론과 선행연구 정리를 바탕으로 본인만의 분석 틀을 (Conceptual framework) 제시할 수 있다. 5장 논의 부분에서 본인의 연구결과에 따라 이론을 재해석할 수 있는 큰 장점이 있다.

아래의 [그림6]은 이론과 연구 및 실제가 삼위일체가 되는 것의 중요성을 묘사한 그림이다. 이론을 통해 연구가 진행되고 그 연구는 실제에 적용이 되어야 한다.

第4节 学位论文中理论部分的重要性

在笔者看来，学位论文中的理论适用方式可以总结为三类。

第一，直接在论文中引用著名学者或该领域专家提出的理论。

第二，在著名学者或专家提出理论的基础上，学生自己提出分析框架并对研究结果再解释。

第三，学生自己提出一套新理论(Grounded Theory).

研究生在读阶段的虽然也可以使用第三种方式，但是这种情况非常少见。所有我们主要讨论使用第一、二类方式来撰写学位论文的情况。

第一种方式是学位论文中最常用的。但是由于直接引用现存的理论，存在缺少独创性和无法解释新结果的缺点。

运用第二种方式，通常在论文的第二章中，基于现存的理论和先行研究，提出一个新的分析框架(Conceptual framework)。这种方式的优势在于根据本文的研究结果，在第5章结论部分可以重新解释该理论。

至此，理论、研究和现实实现了三位一体。即，通过理论进行研究，再把研究的结果运用到实践中来。

결론적으로 3가지 요인들이 서로 영향을 주고받는 관계를 표현한 그림이다. 대학원 유학생들은 본인의 연구가 실제 교육현장에 어떻게 적용되어서 교육적 문제나 이슈를 해결할 수 있는지 생각해봐야 된다. 바로 이 부분이 본인 논문만의 교육적 가치나 연구 가치가 될 수 있다.

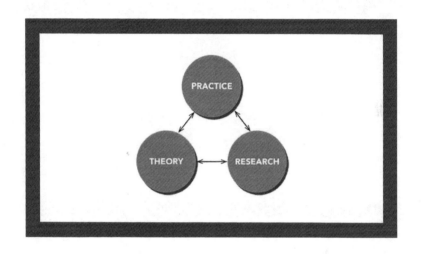

[그림6] 이론, 연구, 실제 적용의 상호 연계15)

---

15) https://www.linkedin.com/pulse/importance-theories-andrew-johnson

如[图6]所示，三个因素之间构成相互影响的关系。学生们应该认真思考自己的研究如何运用到教育实践中，解决现实的教育问题。从而体现论文的研究和教育价值。

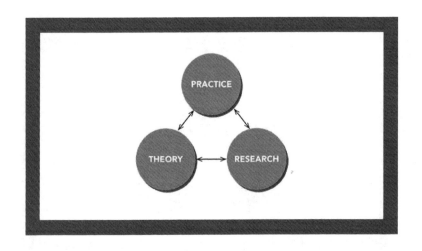

[图 6] 理论、研究、现实相互关联[16]

---

16) https://www.linkedin.com/pulse/importance-theories-andrew-johnson

1. 한가지 이론을 깊숙이 이해하고 연구한다는 의미

필자의 박사 논문을 예시로 설명하고자 한다.

■ 주제: 초등학교 예비 교사의 영어학습자에 대한 마이크로티칭 경험: 자기효능감 이론을 중심으로

이론적 배경으로 반두라의 자기효능감에 관한 역사 및 배경에 관해서 설명했다. 반두라의 자기효능감은 심리학에서 굉장히 유명한 이론이다. 그 이론을 바탕으로 모란과 호이(Moran & Hoy) 및 다른 학자들이 교수 효능감으로 교육 분야에서 측정을 시작했다.[17]

최근 2010년대에 들어와서 교사의 자기효능감과 교수효능감을 구성주의적 이론 배경으로 측정하자는 의견이 대세를 이루고 있다.[18]

---

17) Tschannen-Moran, M., Hoy, A. W., & Hoy, W. K. (1998). Teacher efficacy: Its meaning and measure. Review of educational research, 68(2), 202-248.
18) Usher, E. L., & Pajares, F. (2008). Sources of self-efficacy in school: Critical review of the literature and future directions. Review of educational research, 78(4), 751-706.

1. 深入地理解和研究某个理论的意义

以笔者的博士论文为例详细说明。

■ 主题：小学英语专业职前教师微格课堂的体验：基于自我效能感理论

论文将班杜拉的自我效能感的历史和背景作为理论性背景。班杜拉的自我效能感是心理学上非常著名的理论，在此基础上莫兰和霍伊(Moran & Hoy)以及其他学者们又提出教学效能感这一概念，并在教育学领域展开测量。[19]

2010年以来，逐渐形成了以建构主义的理论为背景来衡量教师的自我效能感和教学效能感的趋势。[20]

---

19) Tschannen-Moran, M., Hoy, A. W., & Hoy, W. K. (1998). Teacher efficacy: Its meaning and measure. Review of educational research, 68(2), 202-248.
20) Usher, E. L., & Pajares, F. (2008). Sources of self-efficacy in school: Critical review of the literature and future directions. Review of educational research, 78(4), 751-796.

2. 용어 변화 정리[21]

가. Self-efficacy: 자기효능감

반두라는 처음 이 주장을 할 때 일반성인을 대상으로 했다. 기본적인 이론적 배경은 사회 인지주의이다.

나. Teaching(Teacher) efficacy: 교수효능감

자기효능감을 바탕으로 교사의 교수 효능감의 척도를 개발한 사람은 반두라가 아니고 모란과 호이(Moran & Hoy) 이다.

최근 학자들은 예전에 진행한 간단한 인과관계의 결과로 교사의 자기효능감을 측정하기보다, 구성주의 이론 배경으로 교사의 자기효능감 발달과 변화, 그리고 자기효능감을 구성하는 요소들에 대해 깊이 있게 이해하고자 한다.

결국, 교사의 자기효능감에 대한 "믿음"(Teacher self-efficacy beliefs) 이라는 단어로 진화했다.

21) Dellinger, A. B., Bobbett, J. J., Olivier, D. F., & Ellett, C. D. (2008). Measuring teachers' self-efficacy beliefs: Development and use of the TEBS-Self. Teaching and teacher education, 24(3), 751-766.

Pendergast, D., Garvis, S., & Keogh, J. (2011). Pre-service student-teacher self-efficacy beliefs: An insight into the making of teachers. Australian Journal of Teacher Education, 36(12), 4.

2. 专业名词的演化整理[22]

1）Self-efficacy: 自我效能感

班杜拉以社会认知主义理论为基础，以一般成年人为对象，首次提出"自我效能感"的概念。

나. Teaching(Teacher) efficacy: 教学(教师)效能感

在自我效能感的基础上，莫兰和霍伊(Moran & Hoy)开发了教师的教学效能感的测量尺度。需要注意的是，提出教学效能感的学者并不是班杜拉。

近年来，学者并没有将教师的自我效能感作为简单因果关系的结果来衡量，而是试图基于建构主义理论，对教师自我效能感的发展和变化，以及自我效能感的构成要素进行深层次的理解。

最终，教师的自我效能感演变为"教师的自我效能信念"(Teacher self-efficacy beliefs)一词。

22) Dellinger, A. B., Bobbett, J. J., Olivier, D. F., & Ellett, C. D. (2008). Measuring teachers' self-efficacy beliefs: Development and use of the TEBS-Self. Teaching and teacher education, 24(3), 751-766.

Pendergast, D., Garvis, S., & Keogh, J. (2011). Pre-service student-teacher self-efficacy beliefs: An insight into the making of teachers. Australian Journal of Teacher Education, 36(12), 4.

3. 실제 가르치는 학생이 없다면 교수자의 자기효능감,
가르치는 학생이 있다면 교수 효능감

가. Teacher self-efficacy
   - 교수자의 자기효능감은 주로 예비교사 대상으로 연구가 진행되었다.
   - 실제로 가르쳐야 하는 대상인 학생이 없으면, 교사교육 프로그램 내에서 마이크로티칭(모의수업, 시범수업) 경험을 활용하여 예비교사의 자기효능감을 측정할 수 있다.

나. Teaching efficacy
   - 교수 효능감은 현직교사 대상으로 진행되었다.
   - 현직교사는 교실에 실제 학생이 있으므로 자기효능감과 다르다.
   - 결국, 교수효능감의 측정방식과 설문지 질문은 자기효능감과
     서로 다르다.

예비교사도 교수효능감이라는 분석 틀과 측정 도구를 가지고 분석을 할 수 있는데 이러한 경우는 예비교사가 학교현장실습에 나가서 직접 학생들을 만나서 지도하는 경우이다.

3. 没有教学经验，称之为教学者的自我效能感
有教学经验，称之为教学效能感

1）Teacher self-efficacy
- 教学者的自我效能感的研究对象主要是职前教师。
- 主要测量的是没有亲自教授学生的经验，只有参加教师教育项目中微格课堂(课堂示范、模拟课堂)的经验的职前教师的自我效能感。

2）Teaching efficacy
- 教学效能感的研究对象主要的在职教师。
- 由于在职教师有亲自教授学生的经验，该效能感与自我效能感不同。
- 因此，教学效能感的衡量方式和调查问卷与自我效能感不同。

先行研究中也有衡量和分析职前教师的教学效能感的分析框架和测量工具，但是这种情况只针对有教学实习经验的职前教师。

아래의 [그림7]은 반두라의 자기효능감을 바탕으로 교사의 자기효능감으로 변화된 모델을 제시한 예시이다. 이 분야에 관심이 있는 학생은 1998년에 모란과 호이가 작성한 영어 원문을 찾아서 꼼꼼히 읽어보길 바란다.

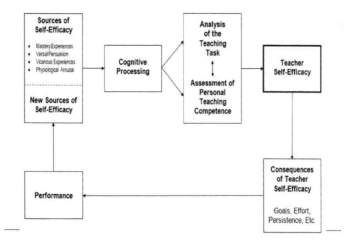

The Cyclical Nature of Teacher Efficacy, from Tschannen-Moran, Woolfolk Hoy, & Hoy (1998)

[그림7] Teacher Self-Efficacy Model

[图7]为基于班杜拉的自我效能感，教师的自我效能感的变化模型。如有兴趣，可参考莫兰和霍伊(Moran & Hoy)在1998年发表的论文。

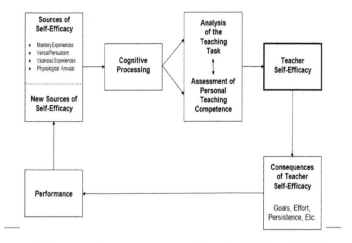

Teacher self-efficacy

Teacher Self-Efficacy Model

The Cyclical Nature of Teacher Efficacy, from Tschannen-Moran, Woolfolk Hoy, & Hoy (1998)

[图 7] Teacher Self-Efficacy Model

4. 21세기 구성주의 학습이론

가. 구성주의의 원리와 본질

구성주의 학습 이론의 본질을 가장 간단하게 한마디로 정의하면 학습자가 실제로 하면서 배운다(Learning by doing)는 개념이다. 결국 학습자가 실제로 경험하면서 학습이 이뤄진다는 것이 핵심이라고 볼 수 있다. 구성주의 학습이론의 기반은 학습자의 경험을 통한 지식구성이 본질이자 핵심이다.23)

아래 [그림8]은 구성주의를 적용한 모델에서 학습자의 경험이 어떻게 지식을 구성하는지에 대한 단계를 설명한 그림이다.

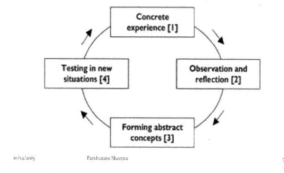

[그림8] Constructive Learning Model

23) Harris, K. R., & Graham, S. (1994). Constructivism: Principles, paradigms, and integration. The journal of special education, 28(3), 233-247.
Karagiorgi, Y., & Symeou, L. (2005). Translating constructivism into instructional design: Potential and limitations. Journal of Educational Technology & Society, 8(1), 17-27.

4. 21世纪建构主义学习理论

1）建构主义的原理和本质

构建主义学习理论的本质简单概括就是让学生在实践中学习(Learning　by doing)，核心学生们在实际的经验中实现学习。让学生通过经验构建知识是建构主义学习理论的核心也是本质[24]。

[图8]建构主义模型，说明了学生的实际经验如何构建知识的过程。

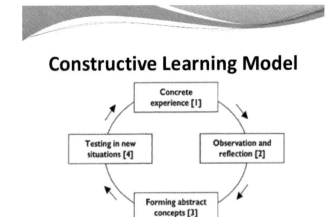

[图 8] Constructive Learning Model

24) Harris, K. R., & Graham, S. (1994). Constructivism: Principles, paradigms, and integration. The journal of special education, 28(3), 233-247.
Karagiorgi, Y., & Symeou, L. (2005). Translating constructivism into instructional design: Potential and limitations. Journal of Educational Technology & Society, 8(1), 17-27.

나. 구성주의 학습이론을 적용한 플립러닝(거꾸로 교실)의 원리

플립러닝의 원리와 본질은 화려한 온라인 플랫폼과 다양한 온라인 기술이 아니다. 플립러닝의 본질은 구성주의 학습이론에 바탕을 두어 학습자 중심의 수업, 그리고 학습자가 자기주도적 학습을 할 수 있도록 교수자가 구성주의 학습환경을 조성하는 것이다. 그리고 실제 수업시간 중에 학습자가 동료와의 대화와 상호소통 작용을 통해서 사회적 구성주의를 실현하는 것이다. 정리하면 플립러닝의 경우, 온라인 플랫폼을 통해서 구현한다는 것은 테크닉, 방법적인 이야기이고, 실제 교수 본질은 아니라는 것이다.

플립러닝의 실제 원리는 구성주의 학습이론에 따라서 학생들이 실제로 경험하면서 배운다는 개념이고 동료들과 함께 학습공동체를 형성하고 그러한 상호작용과 경험을 통해 학습자의 지식이 구성, 재구성된다는 것이다. 이러한 과정을 통해 학생들은 독립적인 학습자, 자기주도적 학습자가 될 수 있다. 여기서 교수자의 역할은 지루한 강의식 수업은 수업 전으로 보내고 실제 수업 중에는 의미있는 다양한 활동을 할 수 있도록 구성주의적 학습 분위기나 환경을 조성해주는 것이다.

정리하면 모든 교수법에는 학습이론이 바탕이 되어야 하고 그 이론적 배경을 기본으로 하여 실제 교수-학습 방법이 설계되고 적용되어야 한다.

2）基于建构主义学习理论的翻转课堂（Flipped Learning）

翻转课堂的本质并不是高端的线上学习平台和复杂的线上教学技术，而是基于建构主义学习理论开展的以学生为主的课堂，以及为促使学生自主式学习，教师构建的学习环境。在实际课堂中，学生通过和同学的沟通互动从而实现社会性建构主义。总结来说，利用线上学习平台实现的翻转课堂只是技术和方法，而不是教学的本质。

翻转课堂的原理是借助建构主义学习理论，让学生们在实际的经验中学习。同学之间形成学习共同体，学生们通过互动与体验实现知识的构成与再构成。通过这一过程，增强他们的独立性和自主性。在这里教师提前将枯燥的讲义式课堂以视频的形式课前发到学生手中，课堂上教师利用各种有趣的活动，担当构建建构主义学习环境的角色。

总结来说，所有的教学法都是以学习理论为基础形成的，以这些理论背景为基础，设计并实际运用教学方法。

다음[그림9]은 플립러닝의 수업 전, 수업 중, 수업 후 3단계를 설명한 그림이다.

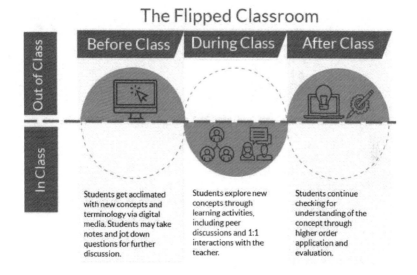

[그림9] The Flipped Classroom[25]

25) https://www.odysseyware.com/blog/using-classpace-flipped-classroom

[图9]简单介绍了翻转课堂：课前、课上、课后三阶段。

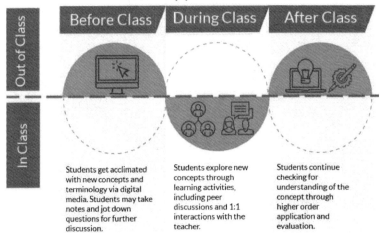

[图 9] The Flipped Classroom[26]

26) https://www.odysseyware.com/blog/using-classpace-flipped-classroom

5장. 선행연구 정리

1. 선행연구를 작성하는 구체적인 방법

♦ 예비교사 마이크로티칭 경험 소논문의 예시

영어로 작성	한국어 설명
Introduction	서론
Theoretical background → Teacher self-efficacy	이론적 배경: 자기효능감
Micro-teaching → Keyword	마이크로 티칭: 핵심키워드
The relationship between teacher self-efficacy and micro-teaching	이론 자기효능감과 핵심키워드 마이크로티칭간의 관계설명
Microteaching in teacher education programs	마이크로티칭이 교사교육 프로그램에서 사용된 실증연구 정리
Research method	연구방법
Study participants	연구대상자
Research context	연구문맥
Data collection and analysis	연구데이터 수집 및 분석

연구결과 용어는 혼용해서 사용할 수도 있으나, 구체적으로 살펴보면
양적 연구결과만 있다면 영어로 Study results,
질적 연구결과만 있다면 영어로 Study findings,
혼합연구 라고 한다면 (Study) results 로 주로 사용한다.

Discussions and implications : 토론 및 논의
Conclusions and suggestions : 연구를 통한 미래 방향성 제시
Limitations of study : 연구의 한계점
References : 참고문헌

第 5 节 整理先行研究

1. 撰写先行研究的具体方法

◆ 以职前教师的微格课堂经验的论文为例

英语撰写方式	中文说明
Introduction	绪论（引言）
Theoretical background → Teacher self-efficacy	理论背景 → 自我效能感
Micro-teaching → Keyword	微格课堂 → 核心关键词
The relationship between teacher self-efficacy and micro-teaching	自我效能感（理论背景）与微格课堂（核心关键词）之间的关系
Microteaching in teacher education programs	整理关于教师教育项目中使用微格课堂的实证研究
Research method	研究方法
Study participants	研究对象
Research context	研究过程
Data collection and analysis	研究数据的收集和分析

研究结果中的专业名词也可以混用，具体区分如下：

只有量性研究结果的话，英语用"Study results"表示

只有质性研究结果的话，英语用"Study findings"表示

进行混合研究的话，主要用"(Study) results"来表示

Discussions and implications：讨论和议论

Conclusions and suggestions：通过研究展示未来的研究方向

Limitations of study：研究的局限性

References：参考文献

◆ 예비교사 플립러닝 경험 소논문의 예시

영어로작성	한국어설명
Introduction	서론
Conceptual framework: Four pillars of Flipped Learning (FL)	플립러닝 분석 틀 제시
FL on learner engagement	플립러닝이 학습자의 학습 참여에 미치는 영향에 대한 실증연구 정리
FL on self-directed learning	플립러닝이 학습자의 자기 주도적 학습에 미치는 영향에 대한 실증연구 정리
FL on satisfaction	플립러닝이 학습자의 수업만족도에 미치는 영향에 대한 실증연구 정리
Research method	연구방법
Study participants	연구대상자
Research context	연구문맥
Data collection and analysis	연구데이터 수집 및 분석

연구결과 용어는 혼용해서 사용 할 수도 있으나, 구체적으로 살펴보면
양적 연구결과만 있다면 영어로 Study results,
질적 연구결과만 있다면 영어로 Study findings,
혼합연구라고 한다면 (Study) results 로 주로 사용한다.

Discussions and implications : 토론 및 논의
Conclusions and suggestions : 연구를 통한 미래 방향성 제시
Limitations of study : 연구의 한계점
References : 참고문헌

◆ 以职前教师的翻转课堂的论文为例

英语撰写方式	中文说明
Introduction	绪论（引言）
Conceptual framework: Four pillars of Flipped Learning (FL)	翻转课堂的分析框架
FL on learner engagement	整理翻转课堂对学生学习参与度影响的实证研究
FL on self-directed learning	整理翻转课堂对学生自主学习影响的实证研究
FL on satisfaction	整理翻转课堂对学生课堂满意度影响的实证研究
Research method	研究方法
Study participants	研究对象
Research context	研究过程
Data collection and analysis	研究数据的收集和分析

研究结果中的专业名词也可以混用，具体区分如下：

只有量性研究结果的话，英语用"Study results"表示

只有质性研究结果的话，英语用"Study findings"表示

进行混合研究的话，主要用"（Study）results"来表示

Discussions and implications：讨论和议论

Conclusions and suggestions：通过研究展示未来的研究方向

Limitations of study：研究的局限性

References：参考文献

2. 선행연구를 정리할 때 '정독'의 중요성

가. 능동적 학습자를 위한 정독의 중요성

- 대학원 유학생이 공부나 연구를 배우면서 교수자가 가르쳐 주는 것만 배워서 익히는 방법은 수동적인 학습자의 모습이다. 대학원 유학생이 교수자에게 제대로 공부하는 방법이나 연구에 접근하는 방법을 배웠으면 수동적인 자세에서 벗어나서 본인이 스스로 능동적인 학습자로 바뀌어야 한다. 구성주의에 입각한 자기주도적 학습자가 되어야 한다.

- 책과 선행연구 논문을 읽었다고 하는데 내용 자체를 제대로 기억하지 못하고 놓치는 대학원 유학생은 많은 경우에 '정독'을 하지 않았다는 의미가 될 수도 있다.

나. 대학원 유학생들이 정독하지 못했던 이유는?

o 변인 간의 관계 부분만 읽고 있어서
o 이론을 찾지 않고 공부하고 있어서
o 선행연구정리를 본인의 글로 제대로 정리하지 않은 채
   자료를 수집해서
o 쉽게 연구를 하고 나서 졸업하고 본국으로 돌아가려고
o 쉽게 일반화하려는 생각과 습관을 지니고 있어서
o 문제해결 방식의 연구접근법을 사용하지 않아서

무엇인가 제대로 한 분야를 이해하려면 대학원 유학생 본인이 교재나 연구를 정독하고 꼼꼼히 읽어봐야 한다. 정독하지 않는다면 깊이 있는 공부를 하지 못할 가능성이 크다.

2. 整理先行研究时"精读"的重要性

1）精读对主动学习型学生的重要性

－笔者观察到研究生院的留学生们在学习和研究时，只被动地接受教授说教的内容。留学生们应该改掉被动学习和研究的习惯，转变为主动地学习，成为建构主义立场上的自我主导型学生。

－笔者还观察到研究生院的留学生们经常忘记自己读过的书和论文的内容，这也是由于没有"精读"造成的。

2）研究生院留学生们不进行精读的原因

○ 只阅读了变量间的关系部分
○ 不探寻理论
○ 只是一味收集资料，没有将先行研究整理成文字
○ 为抓紧毕业回国，轻易的展开研究
○ 带有将所有问题都普遍化的思想和习惯
○ 没有使用问题解决式研究方法

想要充分了解一个领域的话，就需要仔细精读相关的教材和文献。不精读将很难实现深度学习。

6장 연구'방법론'은 기술적인 부분

다음의 두 가지 예시를 통해서 설명하려고 한다.

▶ 교수자가 '교수방법론'에만 집중하면 수업의 본질을 놓치게 된다.

▶ 연구자가 '연구방법론'에만 집중하면 연구의 본질을 놓치게 된다.

'방법론'적인 부분에만 집중하면 생기는 문제점에 관해서 설명한 영어 논문을 소개하고자 한다. 영어로는 "The fetish of method"라고 불린다.[27)]

1. 교수' 방법론'에만 집중을 할 경우

- 교수자 본인이 어떤 학습이론을 근거로 특정한 교수방법을 사용하고 있는지 간과할 수 있다. 학습 이론적 배경이나 근거가 없는 교수방법론이라는 것은 존재하지 않는다. 대부분 교수-학습 방법은 학습이론에 기초한 경우가 많다.

- Methods fetish에 빠져버리면, 교수자가 본인 교육철학이 무엇인지 깊이 생각하지 않고, 모든 것을 기술적, 테크닉적으로 해결하려는 경향이 생길 수 있다. 교수'방법론'은 중요하지만, 실제 "교수"라는 개념은 방법론적인 측면만 이야기하는 것이 아니다. 따라서 실제 교육의 본질을 다시 생각하고 이해할 필요가 있다. 더불어 교육적 효과도 다시 생각해볼 필요가 있다.

---

27) Aronowitz, S. (2012). Paulo Freire's radical democratic humanism: The fetish of method. Counterpoints, 422, 257-274.
Bartolome, L. (1994). Beyond the methods fetish: Toward a humanizing pedagogy. Harvard educational review, 64(2), 173-195.

第6节 研究"方法论"的本质－技术

通过以下两个例子进行说明。

▶ 教学者只专注于"教学方法论"则会错失课堂的本质。

▶ 研究者只专注于"研究方法论"则会措施研究的本质。

在一篇论文中提出了只专注于"方法论"时产生的问题，英语称之为"The fetish of method"。[28]

1. 只专注于教学"方法论"

－ 教学者在无意识中正在使用基于特定学习理论形成的特定的教学法。因为不存在没有学习理论作为理论依据的教学方法，大部分教学方法都以学习理论为基础。

－ 陷入"Methods fetish"的怪圈后，教师自己不会去深入思考教育哲学，而是将所有的一切都依托于技术来解决。教学"方法论"固然重要，但是实际的"教学"却不能从方法论的角度进行解读。因此，有必要重新理解和思考教育的本质和成效。

---

28) Aronowitz, S. (2012). Paulo Freire's radical democratic humanism: The fetish of method. Counterpoints, 422, 257-274.
Bartolome, L. (1994). Beyond the methods fetish: Toward a humanizing pedagogy. Harvard educational review, 64(2), 173-195.

2. 교수법에 관한 연구를 할 때

교수법에 관한 연구를 할 때 항상 교수자와 학습자를 동시에 연구할 필요성이 있다.

▶교수자만 집중할 경우 → 교육을 받는 학생들의 입장에서 이 교수법을 통해 어떤 교육적 효과나 결과를 얻었는지 제대로 파악이 안 될 수 있다.

▶학생들만 집중할 경우 → 교수자가 무슨 의도를 가지고 이러한 교수법을 통한 활동을 했는지 학생들이 제대로 이해하지 못한다면, 학생들의 의견만 파악해서는 교수자가 어떤 의도를 가지고 수업을 진행했는지 연구자로서 알기 어려운 경우가 있다.

결국 교수법을 연구할 경우, 교수자와 학생의 두 가지 측면을 모두 비교, 분석해볼 필요가 있다.

더불어, 교수법을 연구할 경우, 수업을 시작하기 이전에, 미리 교수자가 연구자와 함께 논의를 하여 수업을 재구성하는 것이 효율적일 수 있다.

교수법 연구는 연구자와 수업을 하는 교수자의 협업이 필수고 이 둘 사이의 팀워크가 제대로 맞아야 수업과 연구가 같이 제대로 진행될 가능성이 높다.

2. 研究教学法

进行关于教学法的研究时，应该同时关注老师和学生。

▶ **只关注老师** → 无法站在接受教育的学生的立场上，了解该教学法能达到怎样的教育效果

▶ **只专注学生** → 如果学生不能正确理解教师运用这种教学方法的意图，研究者很难通过询问学生的意见从而把握教师使用该教学法的意图。

因此，进行关于教学法的研究时，需要同时从教师和学生两个层面进行比较分析。此外，研究者还需要在课程开始前，提前与教师沟通，共同设计课程。

在教学法研究中，研究者和教师之间的合作是必不可少的，两者间的合作积极推动研究的顺利进行。

3. 연구'방법론'에만 집중을 할 경우

- 연구자가 연구'방법론'에만 집중하게 되면 본인이 어떤 이론적 배경으로 이러한 연구방법론을 사용하게 되었는지 깊이 생각하지 않게 되고 변인 간의 상관관계만 측정하게 된다. 왜 이러한 논문을 쓰려는지, 본인 논문의 연구주제와 목적, 즉 연구 본질에 대해서 깊이 고민하고 생각해봐야 한다. 학위논문은 다양한 연구방법론을 사용해서 뭔가를 측정하려고 하는 것이 본질이 될 수 없다. 본인의 전문분야를 효율적으로 측정하기 위해서 연구방법론이 도움을 주는 것이다.

- 소논문이든, 학위논문이든, 연구자 본인이 탐구하고자 하는 분야, 그리고 충분한 선행연구를 통해 본인이 그 분야에 대해서 전문가가 되고, 전문분야에 한해서 적절한 연구방법을 사용해서 연구를 진행하는데, 연구방법론이 도움을 주는 것이다.

- 결과적으로 연구방법론이 연구의 본질이 되어서는 안 된다. 본인 전문분야의 내용적 지식을 구성하는 것이 선행되어야 하고, 그다음이 연구방법론이다. 연구방법론을 많이 배워도, 실제 전문분야의 깊이가 부족하면 방법론을 사용해서 측정하고 결과를 얻어도 실제 연구결과의 유의미와 무의미를 제대로 해석할 수 없기 때문이다.

- 대학원 유학생은 연구할 때, 테크닉적인 방법론을 먼저 접근하지 말고, 그 이전에 연구의 본질, 원리, 이론, 연구하려고 하는 본래의 연구목적을 살펴봐야 한다.

3. 只专注于研究"方法论"

－若研究者只专注于研究"方法论"，就不会深入思考应该基于什么理论背景使用该研究方法，而只是集中于比较变量间的相关关系。写论文的理由，论文的研究主题和研究目的才是应该思考的，即研究的本质。用复杂的研究方法测量某个变量不是学位论文的本质。研究方法为研究者有效的衡量研究领域提供帮助的工具。

－无论是学术论文还是学位论文，只要是研究者想探索的领域，通过充分的积累先行研究，研究者都可以成为该领域的专家。只有在特定领域采用适当的研究方法进行研究，研究方法论才会发挥作用。

－因此，研究方法论不能成为研究的本质。要首先构建自己研究领域的知识，再去考虑研究方法。即使掌握再多的研究方法，若是对专业领域没有深入了解，仅去通过这些研究方法去测量变量，得到了结果也很难解释为什么显著或不显著。

－研究生院的留学生们在以后的研究中，不要首先考虑技术层面的方法论，而是在这之前先要把握研究的本质、原理、理论以及最初的研究目的。

□ 대학원 유학생이 연구방법론을 배울 때 기술적인 관점에서 벗어나야 한다는 점을 강조하고 싶다. 다음과 같은 내용을 생각해봐야 한다.

- 왜 이러한 연구주제를 선정하는지
- 이론적 배경은 어떻게 선행연구에서 제대로 찾아낼 수 있는지
- 선행연구 정리는 어떻게 제대로 작성하고 구성하는지
- 전문분야는 어떻게 확장할 수 있는지
- 연구방법론의 '인식론'은 무엇인지
- 이론적 배경은 본인 결론 부분에 적용되어서 재해석 되어야 하는지

이런 과정을 거쳐서 대학원 유학생이 연구를 올바른 방향으로 진행해야 한다는 것을 강조하고 싶다.

□　研究生院的留学生们在学习研究方法论时，要脱离技术的观点，思考以下几点。

- 为什么选择这个研究主题？
- 应该怎样从先行研究里寻找理论背景？
- 先行研究应该如何构成？
- 如何扩大我的研究领域？
- 研究方法论的"认识论"是什么？
- 理论背景应用于结论部分时如何重新解释？

经历以上过程，才能把握正确的研究方向。

4. 구조방정식이 꼭 정답일까?

현재 많은 대학원 유학생들이 구조방정식을 활용하여 논문을 작성하고 졸업하고 있다. 필자가 대학원 유학생들의 논문심사위원으로 참가하고 나서 느낀 점은 실제적 교육적 효과에 대한 결론 및 논의가 부족하다는 것이다. 아래와 같이 설명할 수 있다.

- 구조방정식으로 논문이 진행될 경우, 교육이 이루어지고 있는 현장을 관찰하지 않고 교수자나 학생들과 직접 소통하지 않은 채로 연구를 진행하다 보니 실제 현장의 교육적 효과나 문맥에 대한 설명히 부족할 수 있다. 결국 현장의 교수자와 학습자의 목소리(voice)가 반영되지 않는 연구가 진행될 가능성이 있다.

- 연구자가 교육현장을 제대로 관찰하지 않고 교수자와 학습자와 상호작용이나 소통이 없었기 때문에 실제 어떠한 교실이나 기관 내에서 어떻게 교육이 이루어지고 있는지 제대로 파악되지 않는 경우가 있다.

- 기존에 했던 연구내용과 결과들이 반복이 되어서 유학생 학위논문만의 새로운 연구내용과, 과정, 결과 도출이 부족한 경우가 있다. 대학원 유학생은 새로운 나라에 와서 새로운 연구와 결과를 도출해서 본국으로 돌아간다는 생각을 해볼 때, 아쉬운 점이 많다.

- 실제교육현장(연구문맥)과 그 이후의 교육적 효과에 대한 결론 및 논의가 부족하기 때문에 제안점에서 질 높은 미래 연구방향성이나 교육적 문제의 해결책에 대한 제안점이 부족하다.

4. 关于结构方程

现在很多留学生都热衷于构建结构方程撰写学位论文。笔者在作为审查委员在参与留学生的论文审查时，明显感受到这些论文在结论部分缺少教育效果。具体如下：

-用结构方程进行的研究，不足以解释实际的教育效果。因为研究是在没有与教师或学生直接沟通的情况下进行的，也没有到教学现场实地考察。进行的研究无法反映出教学现场教师和学生的真实想法和心声(voice)。

-研究者由于没有到教学现场实地考察，也没有与教师或学生进行沟通互动，就无法把握教学者在具体的教学实践中达到了怎样的成效。。

-重复进行与既存的研究内容相同的研究，留学生的学位论文无法体现新的研究内容、研究过程和研究结果。作为留学生来到一个新的国家，若不能做新的研究，得出新的研究结果，回国以后会留下诸多遗憾。

-由于缺乏对教学现场和对未来教育效果的结论和讨论，就无法对未来的研究方向或教育问题的解决方案提出高质量的建议。

정리해보면,

- 연구내용과 주제에 대한 독창성과 새로움이 부족하고
- 연구의 마지막 결론 및 논의, 제안점 부분에서 구체적으로 어떠한 교육적 효과를 말하려고 하는지 명확히 드러나지 않는 경우가 많다.

결국, 연구결과가 유의미하게 나오더라도, 현장에서 실제 교육이 어떻게 이뤄지고 있는지에 대한 구체적이고 면밀한 교육적 효과에 대해서 설명이 부족할 수 있다. 어떠한 경우에 연구의 결과가 기초적인, 또는 기본적인 자료를 제공할 수 있다라고 결론이 내려진다.

소논문이 아닌 대학원 학위논문에서 기초적, 기본적 자료를 제공하는 것이 정말 대학원 유학생의 학위논문의 본질에 합당한 것인지 다시 한번 생각해볼 필요가 있다.

总结来说：
- 研究内容和研究主题的独创性不足
- 研究最后的结论和议论、建议部分没有明确突出具体的教育成效。

即使研究结果是显著的，也无法说明在教学实践中如何实现具体教育效果。某些研究只能得出为之后的研究提供基本资料的结论。

学位论文的本质不同于小论文，其结论不能仅为之后的研究提供基本资料。

7장 학위논문의 결론 및 논의 쓰기

학위논문 2장에서 제시된 이론이 본인의 연구결과에 따라서 어떻게 적용되고 해석 또는 재해석 되는지 구체적으로 생각해봐야 한다. 그리고 본인 연구결과를 통해서 미래에 어떠한 제안할 점을 제시할지 깊이 생각해봐야 한다.

□ **학위논문의 논의와 결론에서 생각해봐야 되는 부분:**

- 이러한 연구결과는 교사에게 어떤 의미가 있는가?
- 교사가 이러한 연구결과를 어떻게 활용할 수 있는가?

- 이러한 연구결과는 학생에게 어떤 의미가 있는가?
- 도출된 연구결과는 학생들의 효율적 학습에 어떠한 영향을 미치는가?

- 이러한 연구결과를 통해 어떻게 효율적인 교육프로그램을 개발, 현장에 적용할 수 있는가?
- 학생을 위한 효율적 교육프로그램을 위해서 이 연구결과는 어떻게 현장에 적용될 수 있는가?

- 이 논문은 미래 연구자나 교육자들에게 어떤 가치가 있는가?
- 미래 연구자들에게 제시하는 미래연구의 방향성은 무엇인가?

다시 말해 학위논문이라는 것은 전 세계 유일하게 존재하는 본인만의 분석 틀이나 교육적 효과에 대해서 명확히 제시할 수 있어야 한다.

第7节 学位论文的结论和讨论

应该深入思考在论文结论部分基于研究的结果，应该如何解释及再解释第二章中提出的理论。根据研究结果，未来应该提出怎样的建议？

□ 学位论文的讨论和结论应该考虑的点：

– 研究结果对教师有怎样的意义？
– 这样的研究结果教师应该如何去实际的运用？

– 研究结果对学生有怎样的意义？
– 研究结果对学生提高学习效率有什么影响？

– 基于研究结果如何开发高效的教育项目？
– 为了给学生制定高效的教育计划，如何将这项研究成果应用于教学实践中？

– 本研究对未来的研究者和教学者有什么价值？
– 给未来的研究者们展示的未来研究方向是什么？

总结来说，学位论文应是提出全世界独一无二的，只属于自己的分析框架和教育成果。

8장 올바른 연구 단계와 방향성 정리

지금까지 설명한 국내 대학원 유학생을 위한 올바른 연구 단계와 방향성에 관한 내용을 총정리하고자 한다.

1. 논문의 핵심키워드와 변인에 대해서 전문분야로 만들어야 한다.

학위논문 핵심 주제에 대해서 선행연구 정리를 스스로 진행하지 않는 상태에서 그 분야를 제대로 깊이 이해했다고 보기 힘들다. 특히 대학원 유학생은 본인 머릿속의 생각을 제2 언어인 글로 표현하여 선행연구 정리를 진행해야 한다. 선행연구 정리를 제대로 하기 이전에 자료수집을 시작하거나 측정을 시작하면 안 된다. 자료를 수집할 수 있을 정도로 본인이 준비되어 있는지 대학원 유학생은 다시 한번 스스로 점검해야 한다.

2. 선행연구를 정리하면서 그 변인의 이론적 배경이 무엇인지 심도 있게 이해해야 한다.

– 이론적 배경이 제대로 진행되지 않는 학위논문은 기본적인 연구의 본질을 제대로 파악하지 못한 연구이다.

3. 이론적 배경과 선행연구를 제대로 구분해서 논문을 작성해야 한다.

다시 한번 강조하지만, 선행연구의 변인만을 확인했을 경우, 이론적 배경이 없는 연구가 탄생할 수 있다. 앞에 설명한 선행연구를 '정독'하길 바란다.

第8节 正确的研究阶段和研究方向总结

本节是对之前提到的所有针对在韩留学生研究方向合理性和正确研究阶段的总结。

1. 要把论文的核心关键词和变量变成研究领域

若不能完整的整理学位论文的核心关键词和先行研究，则很难做到对该领域的深入的了解。特别是留学生，需要把头脑里的思想用第二外语描述出来并进行先行研究的整理。在没有整理好先行研究之前，不能开始收集、测量数据。留学生们应该再次确认自己是否已经达到可以开始收集数据的阶段。

2. 整理先行研究的同时，需要深度理解变量的理论背景是什么

－ 没有探索理论背景的学位论文，甚至都没有把握基本的研究本质。

3. 要明确区分理论背景和先行研究

若是在先行研究中只确认了变量之间的关系，论文是缺失理论背景的。因此，需要再次强调有必要"精读"先行研究。

4. 연구방법론을 공부하고 접근할 때, 연구방법의 인식론적인 측면을 먼저 확인하고 접근해야 한다.

- 이게 과연 양적으로 측정할 수 있는가?
- 양적으로 측정할 수 있다면 어떤 방법이 필요한가?
- 질적으로 측정을 해야 하는가? 어떤 연구방법이 나의 연구 분야에 가장 알맞은 방법인가? 등등의 질문에 스스로 답할 수 있어야 한다.

5. 본인 연구 분야는 이미 진행된 선행연구가 있을 것이다.

- 사회과학 분야에서는 누군가가 이미 예전에 그 분야의 연구를 먼저 진행했을 가능성이 매우 크다. 결국, 아직 대학원 유학생 본인이 제대로 찾지 못했던 것으로 생각해야 된다. 그 분야의 연구가 없다고 쉽게 단정 짓지 말고 다시 한번 확인해봐야 한다. 특히 본인의 모국어로만 공부할 경우, 그 분야가 아직 그 나라에 제대로 적용되지 않고 시작되지 않았다는 의미로 해석해야 한다. 영어로 쓰인 논문을 찾다 보면 누군가는 이미 진행했지만, 본인이 몰랐던 연구를 새롭게 찾을 수 있다.

6. 영어로 작성된 논문 중에서도 퀄리티 높은 소논문을 찾아야 한다.

- 영어 논문의 출판사가 검증되고 공인된 것이어야 된다. 아래 출판사 리스트를 참고하기 바란다. [The Biggest Educational Publishers[29]]

---

29) https://bookscouter.com/blog/2016/06/the-biggest-textbook-publishers/

4. 把握研究方法论要首先从认识论的层面学习

－ 是否适用于量性测量？
－ 用量性测量需要什么方法呢？
－ 是否应该用质性测量？最符合我研究领域的研究方法是什么？

要充分的审视上述的一系列问题。

5. 已经存在类似我的研究方向的先行研究

－　在社会科学领域大多主题已经存在先行研究，只不过学生自己还没有找到，不要轻易断定没有相关先行研究。特别是只参考中文文献的情况，也许该领域只是还未在中国展开研究，所以不能解释为没有该领域的研究。如果搜索英文论文可能会发现相关研究早已展开，甚至已经进行了我们不知道的新的研究。

6. 要找高品质的英文论文

－　英文论文的出版社必须是经过检验和公认的。可以参考下列网站公示的出版社。[The Biggest Educational Publishers[30)]]

30）https://bookscouter.com/blog/2016/06/the-biggest-textbook-publishers/

영어로 작성된 논문이라고 해도 무조건 퀄리티 높은 논문이라고 볼 수 없다. 소논문이라도 선행연구를 정리하면서 이론적 배경을 설명하고 그 연구결과에 제대로 적용한, 질 높은 선행연구를 찾아야 한다. 주의해야 할 점은 선행연구를 찾을 때 변인 간의 관계에만 집중하면 이론을 놓치게 된다. 논문을 읽을 때 정독을 해서, 어떻게 선행연구가 이론을 제시하고 변인 간의 관계를 설명하고 논의 부분에서 이론을 적용해서 설명하는지 그 단계나 과정을 꼼꼼히 살펴보면서 정독을 해야 한다. 요약하면 본인이 이 논문의 심사자가 된다는 생각으로 소논문을 정독하기 바란다.

即使是英文论文，也不全都是高品质的论文。整理先行研究的同时寻找一些解释说明理论背景并在研究结果中运用理论背景的高品质论文。需要注意的是，查找先行研究时，如果只专注于变量间的关系，就会遗漏理论。阅读论文时要进行精读，应该重点关注先行研究是如何提出理论、说明变量间的关系，结论部分又是如何运用理论进行说明的。总结来说，可以自己想象成这篇论文审查委员，去精读论文。

□ 대학원 유학생 자가점검 체크리스트

올바른 연구 단계와 방향성을 통한 학위논문 작성을 위해서, 대학원 유학생들은 아래의 10가지의 체크 리스트를 스스로 점검하면서 본인 연구 단계에 대해서 다시 한번 확인해야 한다.

가. 본인의 전문분야에 관한 선행연구를 직접 글로 작성한 상태인가?

나. 석·박사 논문의 1장과 2장이 글로 정리가 된 상태인가?

다. 1장과 2장을 글로 진행하지 않고 전문분야를 만들지 않은 상태에서 연구자료를 수집하였는가?

라. 본인이 연구하고자 하는 연구주제에 대한 명확한 이론은 무엇인가?

마. 학위논문에서 이론이 중요한 이유는 무엇인가?

바. 연구 '방법론'에만 집중하지 않았는가?

사. 본인 연구의 본질이 무엇인가?

아. 지금까지 본인이 진행했던 연구에 대하여 자기반성과 성찰을 진행했는가?

자. 본인 학위논문의 퀄리티를 높이기 위해서 지금 해야 되는 것은 무엇인가?

차. 연구자 윤리와 양심에 대해서 깊은 고민을 하였는가?

□ 留学生论文的自检清单

按照正确的研究阶段和研究方向撰写学位论文，留学生们可以通过以下10条进行自检。

1）与研究主题相关的先行研究是否已经整理完成？

2）硕博士论文的第1，2章是否已经完成？

3）在学位论文第1，2章尚未完成的情况下，是否已经开始收集数据？

4）与研究主题相关的理论是什么？

5）学位论文中理论重要的原因是什么？

6）是否只专注于"方法论"？

7）研究的本质是什么？

8）到目前为止，是否对自己的研究进行过自我反省和反思？

9）应该如何提高学位论文的质量？

10）是否对研究伦理进行了深入思考？

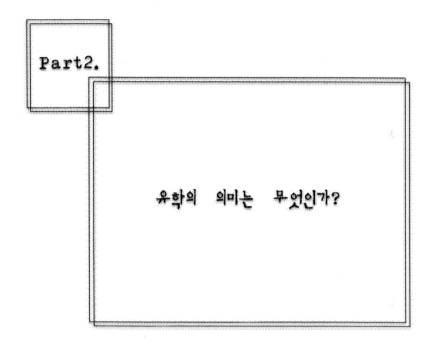

Part2.

유학의 의미는 무엇인가?

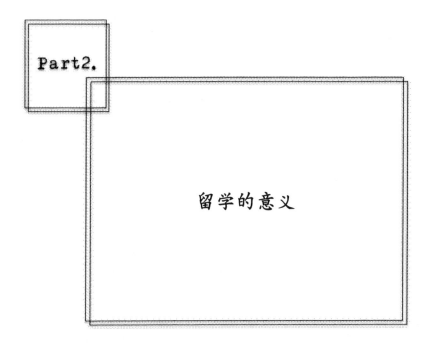

Part2.

留学的意义

9장 유학의 목적과 본질

유학의 목적과 본질은 개별 유학생에 따라서 다를 수 있다. 하지만 필자가 생각하는 대학원 유학생은 새로운 나라에서 새로운 것을 배워서 본국에 돌아가서 특별한 인재가 되어야 한다는 것이 기본적인 생각이다.

필자는 석사를 인디애나 주립대에서 했는데 일부러 다른 학교로 이동해서 한국 사람이 적은 플로리다 대학교에서 박사를 했다. 그 이유는 한국 커뮤니티 안에서만 안주하고 한국인들과 교류할 경우 영어 실력이 늘지 않는다는 것을 명확히 인지했기 때문이다.

필자가 4년 동안 박사과정을 하면서 같은 전공에서 만난 한국인 선생님은 필자가 1년차일 때, 졸업생 선배님 두 명, 그리고 필자가 졸업생일 때 한 분의 선생님이 신입생으로 들어왔다. 결론적으로 4년 동안의 박사과정 동안 3명의 한국 선생님을 만났고 박사 중간 2년, 3년 차에는 필자 전공학과에 한국 사람 자체가 없었다.

필자의 이러한 경험에 비추어볼 때 대학원 유학생들이 본국의 커뮤니티 안에서만 생활함으로써 한국어와 문화를 제대로 익히지 못하는 현재 상황이 올바르게 유학을 하는 과정일까 하는 의문점이 든다. 유학의 이유와 본질에 대해서 다시 한번 생각해보는 계기가 되었으면 한다.

第9节 留学的目的和本质

每个人留学的目的和本质是不同的。但是，笔者认为出国读研的学生们来到新的国家，学习新的知识，回国之后成为一名特别的人才是最基本的。

笔者之前在美国的的印第安纳州立大学读硕士，之后转到了韩国人少的佛罗里达大学读博士。因为笔者认识到，在只有韩国人的交际圈里生活，只跟韩国人交流的情况下是不会有机会提升自己的英语实力的。

笔者在读博的四年里，在同专业遇到了韩国的同学屈指可数。分别是：博士第一年的时候，有两名毕业生是韩国人；博士最后一年的时候，有一名刚入学的新生是韩国人。总结来说，4年读博期间一共遇到了三名韩国的同学，在读博第二、第三年，同专业没有一个韩国同学。

基于笔者的留学经验不禁产生了疑问：现在韩国研究生院的留学生们在只有本国人的交际圈里生活，对韩国的语言和文化不熟识的情况下的留学生活是正确的留学过程吗？我们需要再次地思考留学的意义和本质。

다음 [그림10]은 유학 생활을 통해서 배우고 경험할 수 있는 다양한 요소를 표현한 그림이다. 유학 생활은 그 나라의 언어, 문화, 생활, 정치, 경제 등의 배운 다양한 경험을 할 수 있으며, 그 나라의 원어민 뿐만 아니라 같은 유학생들끼리 교류하면서도 많은 것들을 배우고 얻을 수 있다. 본인의 모국어 커뮤니티에서 벗어나서 다양한 사람들과 교류하면서 유학생의 본질을 깨닫기 바란다.

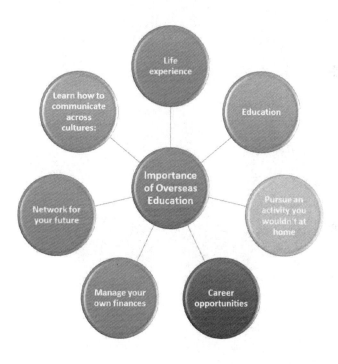

[그림10] Importance of Overseas Education

[图10]表示了通过出国留学应该学习和体验到的各种不同的要素。出国留学是能够学习和体验到当地国家的语言、文化、生活、政治、经济等多样的方面，并且与当地母语者和其他留学生的交流中也可以学到很多东西。只有脱离本国人的交际舒适圈，与更多的人交流才可以领悟到留学的本质。

[图 10] Importance of Overseas Education

1. 대학원 유학생의 성찰일지

국내에서 유학하는 대학원 유학생들은 한국에서 공부하는 동안, 한국 언어, 문화, 생활, 공부, 또는 학업적으로 느끼거나 배운 내용 등을 체계적으로 정리할 필요가 있다.

석사부터 한국에서 유학하여 한국어가 굉장히 유창한 대학원 유학생들에게 물어봐도, 본인의 유학생활에 대한 성찰이나 자기 발전의 노력이 부족한 것을 발견할 수 있었다.

필자의 선배님은 유학생활 중에 꾸준히 신문사에 투고하셔서 책 한권을 출판했다. 이 책[그림11]을 국내 대학원 유학생들에게 강력히 추천한다.

[그림11] 다문화 톨레랑스 미국의 다문화 다인종 교육 들여다보기31)

---

31) 조형숙 저 | 나노미디어 | http://www.yes24.com/Product/Goods/18308873

1. 研究生院留学生的省察日记

来韩国读研的留学生们，有必要系统地整理一下自己在韩学习期间语言、文化、生活以及学业上的学到的东西以及自己的感受。

笔者曾问过自硕士期间起就在韩国留学且韩语十分流畅的学生，发现这样的学生也从来没有对自己的留学生活进行过反省，他们非常缺乏自我发展的能力。

笔者的一位前辈将自己的留学生活经历撰写成书，不断地向新闻社投稿，现已出版发行(图11所示)。笔者强烈推荐在韩研究生院留学的学生们阅读这本书。

[图 11] 多元文化的宽容 – 深入了解美国的多元文化、多元种族教育32)

---

32) 조형숙 저 | 나노미디어 | http://www.yes24.com/Product/Goods/18308873

2. 대학원 유학생 자가점검 체크리스트

　대학원 유학생 본인의 한국에서의 생활을 성찰할 때, 아래의 질문에 대해 스스로 답을 해보길 바란다.

　가. 한국 대학교육에 대해서 가장 인상 깊었던 점이 무엇인가?

　나. 본인이 사는 지역에서 가장 인상 깊었던 것은 무엇인가?

　다. 한국어(언어) 사용에 있어서 가장 인상 깊었던 것은 무엇인가?

　라. 한국 문화 중에서 가장 인상 깊었던 것은 무엇인가?

　마. 한국 드라마나, 영화 중에서 가장 인상 깊었던 것은 무엇인가?

　바. 한국을 여행하면서 가장 인상 깊었던 것은 무엇인가?

　사. 본인이 만난 한국 사람 중에서 가장 인상 깊었던 점은 무엇인가?

　아. 한국 사회에서 가장 인상 깊었던 것은 무엇인가?

　자. 한국의 역사 중에서 가장 인상 깊었던 것은 무엇인가?

　차. 한국 기초생활 질서 중에서 가장 인상 깊었던 것은 무엇인가?

2. 研究生院留学生的自检清单

研究生院的留学生们可以通过尝试回答下面的问题来省察自己的留学生活。

1）对韩国大学教育印象最深的是什么？

2）对现在居住的地区印象最深的是什么？

3）在使用韩语的时候，感到印象最深的是什么？

4）对韩国文化中印象最深的是什么？

5）在韩国电视剧、电影中感到印象最深的是什么？

6）在韩国旅行时，感到印象最深的是什么？

7）与韩国人交往过程中印象最深的是什么？

8）对韩国社会印象最深的是什么？

9）在韩国的历史中，感到印象最深的是什么？

10）在韩国的基本生活中，感到印象最深的是什么？

국내 대학원 유학생은 위의 모든 질문에 대해서 본인의 나라와 비교해서 깊이 있게 성찰할 수 있는 능력이 있어야 한다. 유학생의 기본 시작은 본인의 나라와 유학하는 나라의 교육을 비교하는 비교교육학적인 능력에서 시작된다.

다음은 국내 유학생의 증가추세를 보여주는 통계자료[그림12]이다. 앞으로 이러한 추세는 계속 될 전망이며, 코로나 상황이 끝나면 더 많은 유학생들이 한국으로 학위를 취득하러 입국할 것으로 전망된다.

국내 대학으로 유학 온 외국인 학생 수
(단위:명)

1999	2001	2003	2005	2007	2009	2011	2013	2015	2017	2019년
3418	4690	7962	2만2526	4만9270	7만5850	8만9537	8만5923	9만1332	12만3858	16만165

(자료:교육부)

[그림12] 국내 유학생 증가 추세 통계자료 (2019)

在韩的研究生院留学生应该具备能够结合上面的提问，与本国进行比较并进行深刻省察的能力。具备比较留学国家和本国的教育的能力是留学生的基本出发点。

结合[图12]韩国留学生的增长趋势统计资料来看，未来这样的趋势会持续的增长，笔者预测在新冠疫情结束之后，将会有更多的留学生来韩国取得学位。

[图 12] 在韩留学生增长趋势统计资料(2019)

3. 대학원 유학생 박사과정: 1만 시간의 법칙

따로 직장을 다니지 않는 풀타임 (Full-time) 정규 유학생이었을 경우 다음과 같은 공부 시간이 가능하다.

- 하루에 오전 9시부터 오후 6시까지 공부한다고 가정한다면, 하루에 점심식사 시간을 제외하면 약 8시간 정도 공부할 수 있다. 주말 제외하고 월요일부터 금요일까지 같은 방식으로 공부한다면, 8시간×5일 = 1주일에 약 40시간 정도 공부할 수 있다는 계산이 나온다.

- 만약, 1주일 40시간을 공부하고, 1개월이 4주라고 가정을 한다면, 대략 한 달에 40×4= 1달에 약 160시간 정도의 학습 시간이 발생한다.

- 여기서 한 학기가 4개월 정도로 구성되어 있다고 가정한다면, 1개월 = = 160시간×4개월(한 학기) = 총 640시간이다.
즉, 한 학기에 약 650시간 정도 학습 시간이 확보되는 셈이다.

- 또한, 한 학기에 약 650시간정도 공부를 한다면 1년에 공부할 수 있는 시간은 1개 학기(650시간) × 2학기 = 1년에 약 1300시간 정도의 학습 시간이 확보된다.

- 그러므로, (1년 = 1300시간) × 박사과정 4년 기준이라면 박사 과정 동안에 총 5200 시간 정도의 공부 시간이 주어진 셈이다.
혹자는 한 분야의 장인이 되려면 대략 만시간이 필요하다고 말한다.

대학원 유학생, 특히 박사과정의 학생들은 위의 과정으로 공부하면 한분야의 전문가가 되기 위한 절반 정도인 5200시간이 나온다. 한분야의 전문가가 되기 위한 1만시간의 공부법칙에 대해서 한번 생각할 필요가 있다.

3. 博士留学生：一万个小时法则

对于正规全日制(Full-time)留学生，应该遵循以下学习时间。

- 假设每天从早上9点到下午6点学习，除去午饭时间，每天有大约8小时的学习时间。若周一到周五用相同的方式学习，除去周末，1周大约有40小时的学习时间(8小时 × 5天 = 40小时)。

- 如果一周有40个小时的学习时间，一个月有4周，大约有160个小时的学习时间(40小时 × 4周 = 约160小时)。

- 韩国的一学期大概4个月，一学期大约有640个小时的学习时间(160小时 × 4个月(一学期) = 约640个小时)。即，一学期可以确保约650个小时的学习时间。

- 一学期有650个小时的学习时间，1年就有约1300个小时的学习时间(650小时 × 2学期(一年) = 约1300个小时)。

- 那么，整个博士在读过程就有约5200小时的学习时间(1年 = 1300小时) × 博士学制(以4年为基础) = 约5200个小时。

如果要成为一个领域的专家则需要大约一万个小时。

留学生们，特别是博士留学生们如果按照上述时间学习，距离成为某一领域专家也仅过了的一半的时间。要成为某一领域的专家则需要考虑一万小时的法则。

10장 필자의 미국 박사과정 예시

1. 박사과정 입학 전 단계

미국 대학은 박사 입학 전부터 예비학생이 지도교수가 될 만한 교수와 미리 연락하고 소통해서 학생이 지원 가능한지 확인하는 과정을 거친다. 이러한 과정에서 지도교수가 학생을 받을 마음이 있는지 없는지 판단하고 알려준다. 다시 말해서 입학 전부터 지도교수가 정해져서 그 해당 지도교수가 그 학생을 받을 마음이 있어야 신입생을 받는다.

2. 박사과정 입학 후 단계

□ 미국은 최소 2년에서 2년 반 동안 수업을 들어야만 종합시험 (Qualifying exam)을 칠 수 있는 권한을 준다.[33]

종합시험은 앉아서 하루에 과목별로 치는 테스트 방식이 아니라, 학생에게 한 달에서 한 달 반 정도의 시간을 주고 본인 전문분야의 선행연구 정리와 연구방법론에 대해서 한 분야당 15장 정도 작성하는 것이 주된 목표이다. 그리고 나서 박사논문 심사위원들이 종합시험을 점검한다. 결국, 최소 2년이나 2년 반 동안 오로지 수업만 듣고 난 이후에 종합시험을 시행한다.

종합시험 통과 이후에 연구계획서를 제출할 때까지 다시 한 학기라는 시간을 주고 논문의 1장과 2장을 점검한다.

---

33) https://stat.ufl.edu/academics/graduate/graduate-handbook/qualifying-examination/

第10节 笔者在美留学经历

1. 博士入学前

美国大学的博士在入学之前，需要与有意向的指导教授取得联系，沟通之后才可以申请。在这过程中，可以判断出指导教授有没有收该学生的意愿。换句话说，就是入学前指导教授就已经选定了，在指导教授接受了该学生之后，该学生再作为新生入学。

2. 博士入学后

□在美国最少要听两年至两年半的课，才有申请综合考试（Qualifying exam）的资格[34]

综合考试并不是坐在教室里，按每一个科目一份试卷的形式进行的。而是让学生在一个月到一个半月的时间里，将自己研究领域相关的先行研究整理和研究方法论部分撰写完成，每个领域15页左右。之后，学位论文的审查委员将对综合考试进行打分。总结来说，至少两年至两年半的时间里只能先听课，之后才能进行综合考试。

综合考试通过以后，到提交研究计划书为止，给学生一个学期的时间进行论文第一、第二章的检查。

34）https://stat.ufl.edu/academics/graduate/graduate-handbook/qualifying-examination/

박사과정 학생이 제출한 연구계획서를 논문 심사위원들이 다시 평가하고 그 연구계획서가 최종 통과되어야만, 그제야 학생이 스스로 자료를 모을 수 있는 IRB를 지원할 수 있는 자격을 준다. 그러면서 본인 논문의 3장이 완성된다.

결국, 학생이 실제 자료를 수집하기 전까지 최소 2년 반에서 3년이라는 시간 동안 박사논문의 1장~3장이 철저히 다 끝나고 난 다음에 학생에게 실제 자료를 수집할 수 있는 자격이 주어진다.

다시 설명하면 박사학위논문의 3장 연구방법론까지 꼼꼼하게 연구 설계를 다 마쳐야 박사과정 학생이 실제로 자료를 모으고 수집할 수 있다는 뜻이다.

아래 [그림13]은 미국 박사과정을 순서대로 정리한 그림이다.

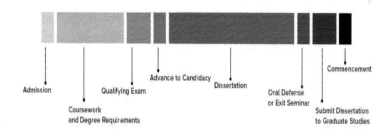

[그림13] Doctoral Degree Milestones

论文审查委员对博士研究生提交的论文研究计划书再次进行评价，只有最终的论文研究计划书通过了，学生才有资格向IRB提出申请收集数据资料。同时，完成自己论文的第三章。

总结来说，学生在实际收集数据之前，至少需要两年半到三年的时间，在这期间要完成学位论文的第一到第三章，之后才给予学生收集数据的资格。

换句话说，学位论文到第三章截止到研究方法论，要仔细地规划设计，这些工作都结束之后，学生才可以开始收集数据资料。

美国的博士过程简单整理如下（如图13所示）。

Doctoral Degree Milestones

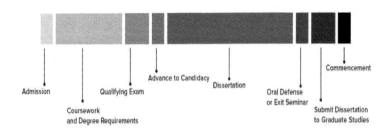

[图 13] Doctoral Degree Milestones

3. 박사과정은 주제를 좁히기만 하는 과정인가?

박사과정을 흔히 한 분야를 좁혀서 진행하는 과정[그림14]이라고 생각할 수 있겠다. 필자의 미국 박사학위 과정을 생각해 볼 때 박사학위 과정은 수업을 들으면서 지식을 넓히는 과정과 논문으로 연구주제를 좁히는 과정 두 가지가 동시에 진행되어야 한다고 생각한다.

수업을 통해서 다양한 내용과 지식을 접하고 그중에서 본인의 전문분야를 선택하여 연구를 위해서 특정한 영역을 집중적으로 공부하는 것이 올바른 단계라고 생각한다. 그리고 미래에 박사과정 학생이 교수가 되어서 미래 지도 학생의 논문을 지도할 때 이러한 넓은 배경 지식이 도움이 될 수 있으리라 생각한다.

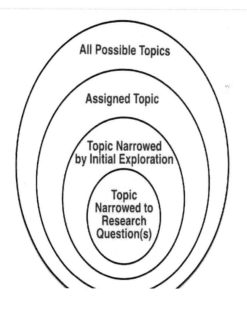

[그림14] 학위논문 주제를 좁히는 과정

3. 博士只是缩小研究主题的过程吗？

通常我们认为博士就是将某一研究领域逐渐缩小的过程(如图14所示)。以笔者在美国的博士研究过程来说，边听博士专业课程，边拓宽自己知识的同时也缩小了自己的研究主题。这两个过程是同时进行的。

通过听课接触到各种内容和知识，从中选择自己的专业领域，并为了进行研究从而在特定领域进行深入的学习才是正确的步骤。博士研究生未来也会成为教授，在指导学生写论文时，这些广阔的理论知识一定会对大家有所帮助。

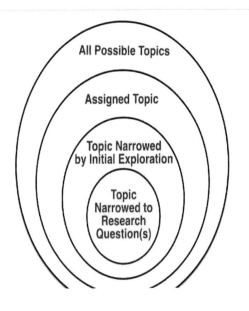

[图 14] 缩小学位论文主题的过程

4. 미국 박사학위 최종 논문심사 예시[35]

[그림15]는 필자의 박사학위논문 최종 발표 모습이다.

[그림15] 박사학위 최종발표 모습

심사위원 4인 구성	지도교수	총괄담당
	심사 위원1	학생 주제 해당 분야 전문가
	심사 위원2	학생 주제 해당 분야 전문가
	심사 위원3	연구 방법론 교수

가) 첫 질문자는 대부분 연구방법론 교수가 진행한다.

첫 질문은 주로 연구의 인식론(認識論, Epistemology)에 대한 부분이
다.

---

35) Kelly, G. J. (2012). Epistemology and educational research. In Handbook of complementary methods in education research (pp. 32-55). Taylor and Francis.

Becker, H. S. (1996). The epistemology of qualitative research. Ethnography and human development: Context and meaning in social inquiry, 27, 53-71.

4. 美国博士论文最终审查示例36)

[图15]是笔者学位论文最终答辩的现场实况。

[图 15] 学位论文最终发表实况

审查委员共由四人组成	指导教授	负责整体
	审查委员1	学生研究主题相关专家
	审查委员2	学生研究主题相关专家
	审查委员3	研究方法论教授

1) 第一个提问，大多是由负责审查研究方法论的教授提出。

第一个问题主要是有关研究认识论(Epistemology)方面。

---

36) Kelly, G. J. (2012). Epistemology and educational research. In Handbook of complementary methods in education research (pp. 32−55). Taylor and Francis.

Becker, H. S. (1996). The epistemology of qualitative research. Ethnography and human development: Context and meaning in social inquiry, 27, 53−71.

나) 박사논문 핵심 주제가, 양적이나, 질적으로 측정할 수 있는가?
어떻게 측정할 수 있는가?

다) 연구방법론의 본질을 물어보고 난 다음에는 내용 지식 전문가가
이 영역의 이론적 배경이 무엇인가 물어본다.

라) 본인 논문 핵심주제에 대한 이론적 배경은 무엇인가?
그 이론적 배경이 결론 부분에서 제대로 스며들어 있는가? 또는
설명이 제대로 되었는가?

① 연구방법론의 인식론적인 부분과 ② 그 콘텐츠의 이론적 배경에
대해서 먼저 심도있게 물어보고 나서 심사를 계속 진행한다.

마) 변인(변수), 요인에 대한 질문은 그 다음에 3번째나 4번째로 물어보
는 질문이다.

결론적으로 1, 2번에 관한 질문에 학생이 제대로 대답을 하지 못하였을
경우 3번에 대한 질문으로 연결되지 않는다. 정리하면, 논문의 본질과 원리
에 대한 질문이 최종 논문심사에서 먼저 이루어진다는 점이다.

2）学位论文的核心主题是用量性测量还是用质性测量？如何测量？

3）对研究方法论的本质进行提问后，内容知识方面的专家对该领域的理论背景进行提问。

4）本论文的理论背景是什么？这个理论如何渗透在结论部分？如何进行说明？

首先对 ① 研究方法论的认识论部分和 ② 相关内容知识的理论背景进行深入地提问之后进行论文审查。

5）对变量和因子进行提问，之后再进行第三或第四次提问。

总结来说，当学生无法回答第1、2个问题时，就不会进行第三个提问。换句话说，最终的论文审查首先是审查学生对论文本质和原理的认识。

5. 연구방법론 수강에 대하여

필자가 미국에서 박사과정을 할 때 총 15학점의 연구방법론에 대한 수업을 수강했다. 미국에서는 종합시험을 시행하기 전에 최소 12학점의 연구방법론 수업을 수강해야 종합시험을 칠 수 있는 자격이 주어진다. 다음은 필자의 연구방법론 수강기록이다.

◆ **1학기:**
  연구방법의 기본 (3학점)
  Foundation of Research Methods
◆ **2학기:**
  양적 연구방법 1, 2 (6학점)
  Quantitative Research Method 1
  Quantitative Research Method 2
◆ **3학기:**
  질적 연구 데이터수집 (3학점)
  Data collection of qualitative research method
◆ **4학기:**
  질적 연구 데이터분석 (3학점)
  Data analysis of qualitative research method

필자는 개인적으로 국내 대학원 유학생들의 연구방법론 수업 학점이 너무 부족한 게 아닌가 생각한다. 즉, 연구방법론을 심도 있게 공부해야 양적 연구방법도 알고 질적 연구방법도 알고, 결국 나중에 혼합연구를 본인이 구성할 수도 있다고 생각한다.

5. 关于研究方法论课程

笔者在美国读博士期间，一共修了15个学分的研究方法论课程。美国大学规定最少修满12个学分有关研究方法论的课程，才有申请综合考试的资格。下面是笔者选修过的研究方法论课程目录。

- 第一学期：
  研究方法基础（3学分）
  Foundation of Research Methods
- 第二学期：
  量性研究方法1，2（6学分）
  Quantitative Research Method 1
  Quantitative Research Method 2
- 第三学期：
  质性研究方法数据收集（3学分）
  Data collection of qualitative research method
- 第四学期：
  质性研究方法数据分析（3学分）
  Data analysis of qualitative research method

笔者认为，韩国大学研究生院的留学生们修过的研究方法论的学分严重不足。即，只有深入地学习了研究方法论，既了解量性研究，又了解质性研究，未来才有独自进行混合研究的能力。

6. 연구조교 경험

필자는 박사과정 중 연구 조교경험이 학생 본인의 미래연구에 미치는 긍정적 영향에 관해서 설명하고자 한다.

미국에서 필자가 유학 2년차일 때 지도교수가 어느 날 불러서 연구프로젝트를 제안했다. 연구주제는 '미국 예비교사의 영어 학습자에 대한 학교현장실습 효과'였다.

□ **필자는 연구조교로서 다음과 같은 단계를 거쳐서 연구를 진행했다.**

가. 학교현장실습 관련 분야 선행연구 읽기
나. 선행연구 정리
다. 선행연구 실제 글로 쓰기
라. Questionnaire와 인터뷰 질문 만들기
마. 연구 지원과 동의서 → IRB 신청하기
바. 실제 데이터 수집
사. 실제 데이터 분석
아. 실제 논문작성
자. 교수의 피드백
차. 논문 출간

이때의 경험은 한국에 귀국해서 한국 예비교사의 학교현장실습 연구를 진행하는 데 긍정적인 영향을 미쳤다. 필자는 학교현장실습에 관한 선행연구 정리를 계속할 필요가 없었다. 왜냐면 이미 예전에 다 했기 때문에 몇 가지만 더 추가하면 끝나는 상황이었다.

6. 研究助教经历

笔者就在博士期间担任研究助教的经历对本人在将来研究过程中的积极影响进行说明。

笔者在美国留学第二年的某一天，指导教授突然来提出了一个研究项目。研究主题是：学校实习效果对美国职前教师英语学习的影响。

□ **笔者作为研究助教进行研究的过程中经历了以下阶段。**

1）阅读学校现场实习相关的先行研究
2）整理先行研究
3）将先行研究整理成文字
4）设计调查问卷（Questionnaire）和访谈问题
5）研究支援同意书 → 申请IRB
6）数据收集
7）数据分析
8）论文撰写
9）指导教授反馈
10）论文出版

笔者回国之后展开了对韩国职前教师现场实习的研究，那段经历对笔者的研究产生了积极的影响。关于学校实习的先行研究由于在之前已经全部整理过一遍，因此相关文献不需要重新整理，只需进行追加即可。

미국에서 필자가 박사 3년차 일 때 지도교수가 불러서 또 다른 연구 프로젝트를 제안했다. 미국 초등학교 현직 교사의 영어 학습자에 대한 교사연수를 진행하려고 하는데 교사연수 프로그램을 하나 만들어서 진행하는 것이 어떤가 하는 내용이었다. 다음의 단계를 거쳐서 연구가 진행되었다.

□ **연구 단계별 진행 과정**

o 선행연구 읽기
o 선행연구 정리 → 실제로 글로 작성하기
o 교사연수와 관련된 자료 수집
o 블랜디드 러닝 교사연수 프로그램 만들기
    → LMS (Learning Management System)에 세팅
o 실제 교사연수 진행
o 연구 동의서 – IRB 진행
o 실제 데이터 수집 → Questionnaire + 인터뷰
o 데이터 분석
o 소논문 작성
o 교수의 피드백
o 논문 투고

이때 미국 현직 교사연수에 관해서 연구했던 경험들은 국내로 돌아와서 한국 현직 영어 선생님들의 영어 원어 수업(Teaching English Through English) 교사연수에 관한 연구를 진행하는 데 큰 도움을 주었다. 필자는 교사연수에 관한 선행연구 정리를 다시 할 필요가 없었다. 왜냐면 이미 예전에 다 했기 때문에 몇 가지만 더 추가하면 끝나는 상황이었다.

笔者在美国留学第三年的某一天，指导教授又提出了一个研究项目，内容是制定一个新的教师培训的项目，旨在对美国小学的在职英语教师进行教学培训。主要经历了以下几个阶段。

□ 研究步骤

- 阅读先行研究
- 整理先行研究 → 整理成文字
- 收集有关教师研修的资料
- 指定利用混合学习的教师研修项目
  → 在LMS (Learning Management System)上设置
- 进行教师研修
- 研究同意书 − IRB流程
- 收集数据 → 调查问卷(Questionnaire) ＋ 访谈
- 分析数据
- 写成小论文
- 教授反馈
- 论文投稿

当时整理的有关美国在职教师研修项目的相关研究，在笔者回国后进行韩国在职英语教师怎样用英语教英语(Teaching English Through English)的教师研修研究时，有很大的帮助。由于在之前已经将相关先行研究全部整理过一遍，因此不需要重新整理，只需进行追加即可。

국내 대학원 유학생에게 강조하고 싶은 점은, 박사과정 중의 연구조교 경험은 졸업 이후에 스스로 독립적인 연구자로서 연구를 진행할 때 기본적인 바탕이 되는 중요한 경험이라는 점이다. 유학하는 나라에서 경험했던 연구를 본국으로 돌아가서 그대로 적용 가능한지 검증이 가능한지 다시 한번 살펴보는 것이 독립연구자로서의 출발점이 될 수 있다고 제안한다.

　다음 [그림16]은 필자의 학회발표 사진이다.

[그림16] 필자의 학회 발표 모습

特别想对韩国研究生院的留学生们强调的一点是：博士过程中成为研究助教的经历为毕业后作为独立的研究者进行研究奠定了基础，是一段非常重要的经历。在留学当地进行的研究，回国之后是不是可以适用而再一次进行验证的过程是作为独立研究者的出发点。

下图是笔者在学术会演讲时的照片。

[图 16] 笔者在学术会演讲

7. 박사학위논문 탄생 배경 이야기

필자가 2년차 였을 때, 지도교수에게 찾아가, 요즘 플립러닝에 관한 교재를 읽고 있는데 이 교수방법을 예비교사의 영어학습자에 관한 수업에 적용하면 굉장히 효율적일 것 같다고 제안했다. 지도교수와 여러 번의 토의 후에 수업 중에 필요한 여러 활동들을 구성하던 중 마이크로티칭 경험을 하나의 주요 활동으로 추가하면 좋겠다고 정리했다.

◆ 필자의 5학기:
다른 교수자의 수업에 플립러닝을 실제로 적용해 봤다.
이 파일럿 연구는 필자 박사학위논문의 중요한 기초 자료가 되었다.

◆ 필자의 6학기:
플립러닝에 관한 선행연구를 더 읽었고 선행연구를 실제로 글을 통해 작성했다. 이 독립연구는 나중에 선행연구 정리 소논문으로 출간되었다.

◆ 필자의 7학기:
지도교수와 상의 후에 교육적 효과를 직접적으로 측정할 수 있는 미국초등 예비교사의 영어학습자 대상 마이크로티칭 경험으로 연구주제를 집중하기로 했다. 독립연구를 통해 선행연구가 작성되었고 결국 이 연구는 필자의 박사 논문 1, 2장이 되었다.

그 이후에 IRB 과정을 거쳐서 실제 데이터 수집하는 도중에 3장이 완성되었다. 그리고 사례 연구방법을 활용하여 데이터를 분석하였다.

7. 学位论文诞生的背景

笔者博士第二年的时候，阅读了很多关于翻转课堂的教材，认为这样的教学方法应用在职前教师的英语教学课堂上应该会有明显的效果，于是去找指导教授向她提议。与指导教授商议了几次之后，在设计了几个课堂的必备活动之后，追加了微格课堂体验为其中的一个主要活动。

◆ **笔者的第五学期：**

在其他教授的课堂上应用翻转课堂。

此实验研究成为了笔者学位论文的重要基础资料。

◆ **笔者的第六学期：**

阅读了更多有关翻转课堂的先行研究并整理成文字记录。这个独立的研究日后被整理成了小论文并出版。

◆ **笔者的第七学期：**

与指导教授商议后，将研究对象确定为可以直接衡量出教育效果的美国初级英语专业职前教师，并将研究主题集中在他们的微格课堂体验。通过独立的研究，笔者已经完成了先行研究的整理，从而写成了学位论文第一、二章。

之后，经过IRB流程并开始收集数据的同时，将第三章完成。然后利用个案研究的方法进行了数据的分析。

◆ **마지막 학기인 필자의 8학기** 때 논문작성이 완료되었고 최종 논문심사를 통과하였다. 앞에서 설명한 박사과정 중에 연구조교로서 참여했던 연구 프로젝트들이 현재 필자가 한국에 귀국해서 독립연구자로써 현재의 연구를 진행하는데 긍정적으로 영향을 주고 있다.

다음의 구체적인 예시를 들어 설명하겠다.

필자의 박사과정 중에서 진행한 대면 마이크로티칭의 개념을 바탕으로 현재 코로나 상황에서 국내 예비교사의 온라인 마이크로티칭 경험 논문으로 발전되었다.

대면 수업에 기초한 예비교사의 플립러닝 개념을 바탕으로 코로나 상황에서 줌을 활용한 실시간 온라인 플립러닝 수업 경험 조사로 발전되었다.

위에서 설명한 대로 국내 대학원 유학생들도 지도교수와의 연구프로젝트를 통해서 연구를 올바른 방향으로 배우고 정상적인 단계를 통해 연구를 진행한다면 대학원 유학생의 연구경험에도 도움이 되고, 학위논문을 구성하는데 큰 도움이 된다고 생각한다. 더불어 졸업 이후에도 본인이 배운 연구프로젝트를 스스로 확장할 수 있는 밑거름이 된다고 필자는 생각한다.

결론적으로 필자가 박사과정에서 제대로 배웠던 부분이 졸업하고 나서 필자가 교수가 되었을 때 이러한 연구조교 경험들 전부가 기본 연구 역량이 되었다.

◆最后一学期，也就是笔者的第八学期，完成了学位论文并通过了最终审查。之前所提到的博士期间作为研究助教参与的研究项目，回国之后，在笔者作为独立研究者进行研究时，仍然产生了积极的影响。

通过下面具体的事例进行说明。

以笔者在博士期间进行的线下微格课堂的概念为例，延伸出了以新冠疫情下的韩国职前教师线上微格课堂体验的研究主题。

以线下课堂为基础的职前教师的翻转课堂的概念为基础，延伸出了以新冠疫情下利用ZOOM进行实时线上翻转课堂体验的研究主题。

基于此，韩国研究生院的留学生们也应通过和指导教授共同参与研究项目的方式学习正确的研究方法。以正确的步骤进行研究，不仅有助于研究生院留学生积累研究经验，也会对学位论文的完成提供帮助。同时，这也是学生毕业后能够扩展研究项目的基石。

总之，毕业后成为教授时，博士课程中的所学和作为研究助教的经历共同铸就了笔者最基本的研究能力。

8. 대학원 유학생의 멘탈 관리[그림17]

필자가 미국에서 석사, 박사과정 경험에 비추어 볼 때, 유학하는 학생 자신의 멘탈 관리가 정말 중요하다는 것을 깨닫게 되었다.

필자는 박사과정 지도교수와 연구 미팅 중에 지도교수의 질문에 답을 제대로 하지 못해서 울고 싶었던 경험이 매우 많았다. 박사과정 중에 힘든 경험이 많았지만, 그 과정을 제대로 거치고 난 뒤 큰 교훈을 얻었다.

결국, 이러한 과정들이 필자가 유학생 신분에서 내공이 되고, 연구를 올바르게 하는 것이 무슨 의미인지 깨닫게 되었다. 필자가 졸업하고 나서 되돌아보니 지도교수의 말이 나중에 스스로 이해가 되는 충고였다.

지금 현 상황에서는 내공이 부족해서 이해가 안 될 수도 있지만, 대학원 유학생 스스로 내공이 쌓이고 졸업하고 난 뒤에 독립적으로 연구를 하다 보면 스스로 해답과 정답을 찾을 수 있을 것이다.

대학원 유학생이 열심히 '공부한다'라고 할 때, 최우선의 과제는 올바르고 적절한 연구단계와 연구방향성을 잡는 것이라고 생각한다. 빠르게 졸업해서 학위를 따는 것이 유학의 최우선 과제 및 목표가 아니기 때문이다. 무엇이 유학의 본질이고 유학생이 본국으로 돌아가서 어떠한 인재가 되어야 하는지 깊이 생각하고 성찰해보는 시간을 가졌으면 한다.

8. 研究生院留学生的精神管理（图17）

笔者在美国读硕士和博士的阶段，意识到留学生的精神管理是非常重要的。

在笔者博士阶段在与指导教授的研究会议中，很多时候由于无法回答指导教授提出的问题甚至想哭。博士阶段的历程通常十分辛苦，度过了这个阶段之后笔者得到了一个教训。

这个过程帮助笔者在留学生的身份上，意识到了正确研究方向的意义是什么。当毕业后再次回想起来，渐渐地理解了当时指导教授的话并把它视为忠告。

也许现阶段还没法理解其中地的精髓，但是研究生院的留学生们逐渐地积累直至毕业之后，作为一个独立的研究者进行研究时，就可以独自找到答案。

在对研究生院的留学生们说"好好学习"时，最先学的就应该是正确合理的研究步骤和研究方向。快速毕业拿到学位不应该是留学的最先考虑的任务和目标。什么才是留学的本质？回国之后要成为怎样的人才？才是我们应该花时间深入思考反省的问题。

37）https://twitter.com/researchstash/status/909102504671010816

[그림17] Anatomy of a Grad student[37)]

[图　17] Anatomy of a Grad student[38]

---

38) https://twitter.com/researchstash/status/909102504671010816

9. 대학원 졸업 이후의 연구 방향성에 대하여 [그림18]

유학생활을 통한 박사학위 취득 이후 새로운 연구 영역 발전이 어떻게 진행되는지 필자의 경험을 바탕으로 설명하겠다.

대면 수업 상황에서 예비교사의 마이크로티칭 경험은 이미 효율성이 선행 연구에서 많이 증명되었다. 하지만 반두라의 자기효능감을 사용하여, 사회인지적 이론을 배경으로 양적으로 주로 측정되었다.

구성주의 이론을 배경으로 자기효능감을 재해석한 결과, 예비교사의 자기효능감이 영역별로 다르게 나타났다. 정리하면 예비교사들의 자기효능감에 대한 개인별 차이점은 일반화가 힘들 정도로 각 영역에 따라서 다른 결과가 도출되었다.

구체적으로 예비교사는 개별로 본인이 교육하는 학생의 언어 수준, 문화 차이, 학업 성취도별 차이, 학년별, 학교별 등과 같은 여러 가지 변수에 따라서 자기효능감이 매우 다르게 나타났다.

결론적으로 이전에 쉽게 양적으로 인과관계를 드러냈던 결과들을 다시 한번 자세하게 생각하고 측정되어야 한다는 결론이 나왔다.

9. 研究生毕业之后的研究方向（参考图18）

笔者将以自己的经验来谈一下结束留学生活，获得博士学位后，如何发展一个新的研究领域。

线下授课时职前教师的微格课堂体验的效果已经通过诸多先行研究得到了证实。但都主要以社会认知理论为基础，使用班杜拉的自我效能感来进行量性测量。

从以建构主义理论为背景重新解释自我效能感的结果来看，职前教师的自我效能感在每一个领域都出现与之前不同的结果。综上所述，职前教师自我效能的个体差异难以一概而论，每个领域都得出了不同的结果。

具体而言，职前教师的自我效能感因他们所教学生的语言水平、文化差异、学业成绩差异、年级和学校等各种因素，有很大差异。

综上所述，之前通过量性研究所揭示的因果关系需要仔细进行重新的考虑和衡量。

□ 그렇다면 대면 마이크로티칭 연구의 다음 방향성은 무엇인가?

2020년과 2021년 코로나 상황에서는 주로 대면 수업으로 진행되는 국내 예비교사의 마이크로티칭 경험이, 비대면 (온라인으로 진행되는) 온라인 마이크로티칭 경험으로 바뀌어야 한다.

여기에서 생각해야 하는 문제는, 예비교사의 마이크로티칭 경험을 대면 수업과 비대면(온라인 수업)으로 비교했을 때, 온라인 수업이 대면수업과 같은 결과를 제시할 것인가, 아니면 다른 특별한 점이 나타날 수 있는지 확인해야 한다.

실제 연구를 진행한 후 연구결과는, 온라인 마이크로티칭 경험은 대면 수업상황과 비교하여 여러 가지 다른 결과가 도출되었다. 구체적으로 예비교사의 자기효능감 세부영역 중에 온라인 마이크로티칭 경험일 경우 대면 수업경험과 비교해서 다른 연구결과를 보여줬다.

□ 코로나 상황에서 온라인 마이크로티칭을 측정했으니, 이 주제에 관한 다음 연구는 무엇인가?

가상현실(Virtual Reality) 기술을 이용하여, 미래 학생을 가상의 아바타로 만들어서 온라인 마이크로티칭 수업경험이 가능하지 않을까?

예를 들어서, 가상의 미래 학생을 아바타로 설정해놓고, 예비교사가 모의 수업시연과 수업 연습을 진행할 수 있을 것이다. 온라인 마이크로티칭 환경에서 새로운 기술을 활용한다면 앞으로 가능성이 큰 신선한 연구가 진행될 수 있다.

□ 那么，线下微格课堂研究下一步的方向应该是什么呢？

2020年到2021年在新冠疫情下，韩国职前教师们主要在线下进行的微格课堂体验被转换到线上进行。

这里应该思考的问题是：对比线上和线下职前教师的微格课堂体验时会出现相同的研究结果吗？还是会出现别的特别的结果呢？这一点需要被仔细确认。

实际的研究结果显示，对比线下的微格课堂体验，线上的微格课堂出现了很多不同的结果。具体来说，这些不同的结果表现在了职前教师自我效能的细分领域中。

□ 我们测量了新冠疫情下的线上微格课堂，与这个主题相关的后续研究是什么呢？

在未来的线上微格课堂中，使用虚拟现实技术(Virtual Reality)设置虚拟学生形象来进行体验是否可行？

比如说，职前教师以设置的虚拟学生形象为对象进行模拟课堂演练和试讲相关的研究。在线上微格课堂环境中运用新技术是未来最可能进行的全新研究。

더 나아가서, 인공지능을 이용한 가상의 미래 학생을 대상으로 온라인 마이크로티칭 경험이 예비교사에게 어떤 효과가 있는지 확인한다면, 앞으로 더욱 좋은 연구주제가 될 수 있다고 생각한다. 실제로 연구자들이 이 분야에 관한 연구를 진행하고 있다.

그렇다면 그동안 대면으로만 진행되어왔던 예비교사의 학교현장실습 경험에 대해서도 같은 질문을 던져봐야 한다. 코로나 상황이 지속한다면 무슨 교육적 방법이 대면 학교현장실습 대한 대책인가? 온라인으로 가능할 것인가?

인공지능(AI) 기술을 이용하여 가상의 교실과 학생을 구현 가능하다면 시도해볼 만한 가치가 있다고 생각한다. 하지만 학교현장실습은 살아있는 인간 생명체인 학생을 대상으로 진행되기 때문에 가상현실 속의 학생은 한계점이 있다.

하지만 코로나 상황 때문에 대면 학교현장실습이 현재로서 한계가 있다면 새로운 교육 방법과 효과를 고려해봐야 할 시기라고 생각한다. 최근 여러 연구자의 온라인 학교현장실습에 대한 가능성과 관심도가 매우 높아져서 이 분야에 관해서 연구가 본격적으로 시작되는 단계이다.

甚至研究以利用人工智能虚拟的学生为对象进行的线上微格课堂对职前教师有怎样的效果，都会是将来很好的研究主题。事实上，在这个领域，研究者们已经正在进行着与此相关的研究。

同样，这期间对在线下进行的职前教师的学校实习体验相关的研究也提出了相同的问题。若新冠疫情一直持续下去，可用什么方法来代替学校实习？在线上进行学校实习是否可行？

笔者认为，尝试利用人工智能(AI)技术构建虚拟的教室和学生来进行研究是有价值的。但是，学校实习中面对的对象是活生生的学生，这一局限是虚拟现实技术中无法逾越。

但是，由于新冠疫情，线下的学校实习如果受到限制，则应该考虑新的教育方法和成效了。最近很多研究者对线上学校实习的可能性话题关注度逐渐增加，这一领域的相关研究也随之进入正式开始的阶段。

[그림18] Life after PhD

[图 18] Life after PhD

10. 혼합 연구의 장점에 대해서 생각해보기

필자는 현재 공동연구자와 함께 주로 혼합연구를 적용하여 연구를 진행하고 있다. 그 이유는 설문지를 통해서 수집한 양적 데이터 결과를 바탕으로 인터뷰나 다른 질적 연구방법을 통해서 양적 방법으로 도출된 내용과 결과가 왜 그런지 구체적인 인터뷰 질문을 던지면서 질적으로도 더 깊은 내용을 이해하기 위함이다.

양적연구 설문지 결과와 질적연구 인터뷰 결과 내용을 비교·분석하여 공통점과 차이점을 파악할 수 있다고 생각한다. 더불어, 양적과 질적이 둘 다 같은 결과 방향으로 일치할 경우 두 가지 연구방법을 결합한 유의미한 연구 결과가 도출될 수 있다고 생각한다. 또한, 양적연구를 통해 분석된 무의미한 결과에 대한 해석이 부족할 경우, 질적연구 자료가 더 깊이 있는 설명을 해줄 수 있다고 기대한다.

국내 대학원 유학생들도 졸업 이후에 공동의 연구자와 함께 혼합연구를 적용하여 연구 전체의 큰 그림과 깊이 있는 연구결과를 도출하면서 퀄리티 있는 소논문을 작성할 수 있다고 생각한다.

이렇게 진행하기 위해서는 박사과정에서 양적과 질적연구방법론을 모두 다 수강하여서 혼합연구를 할 수 있는 역량을 키워야 한다. 졸업 이후에 두 가지 방법을 모두 다 사용하는 혼합연구법을 본인 연구에 적용한다면 더 깊이 있는 주제를 탐구할 수 있을 것으로 기대된다.[39]

---

39) Teddlie, C., & Tashakkori, A. (2009). Foundations of mixed methods research: Integrating quantitative and qualitative approaches in the social and behavioral sciences. Sage.

Vogt, W. P., Gardner, D. C., Haeffele, L. M., & Vogt, E. R. (2014). Selecting the right analyses for your data: Quantitative, qualitative, and mixed methods. Guilford Publications.

10. 思考混合研究的优点

笔者现在与共同研究者主要运用混合研究的方法进行研究。以通过调查问卷收集到的量性数据结果为基础，采用访谈等质性研究方法来说明量性研究结果出现的原因。利用具体的访谈问题是为了能够深入地理解相关内容。

比较和分析量性研究的调查问卷结果和质性研究的访谈结果，了解其相同点和不同点。此外，若量性和质性的研究结果的方向是一致的话，则可以得出两种研究方法相结合具有积极意义的研究结果。另外，通过量性研究得出不显著的结果，在无法解释的情况下，也可以利用质性研究的资料进行深层次的说明。

笔者认为，韩国研究生院的留学生毕业后也可以和共同研究者一起，运用混合研究的方法，得出更具深度的研究成果，同时写出高质量的论文。

为能顺利进行这个过程，博士期间量性和质性研究方法论都要学习，从而培养能混合研究的能力。毕业之后，若可以使用两种研究方法进行混合研究，就可以尝试探索更深层次的主题。[40]

---

40) Teddlie, C., & Tashakkori, A. (2009). Foundations of mixed methods research: Integrating quantitative and qualitative approaches in the social and behavioral sciences. Sage.

Vogt, W. P., Gardner, D. C., Haeffele, L. M., & Vogt, E. R. (2014). Selecting the right analyses for your data: Quantitative, qualitative, and mixed methods. Guilford Publications.

다음 [그림19]는 혼합연구의 진행단계와 비교분석을 간단히 설명한 그림이다.

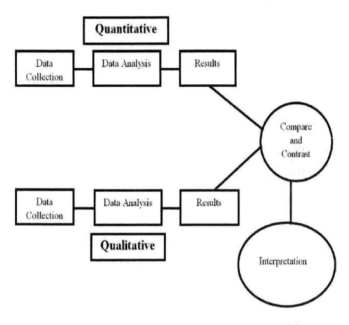

[그림19] 혼합연구의 진행단계

通过[图19]简单了解以下混合研究的进行步骤和比较分析方法。

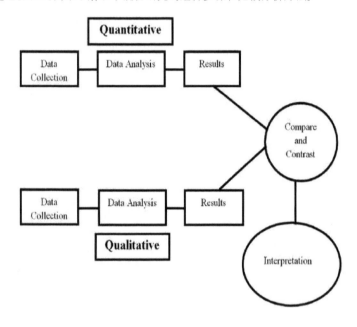

[图 19] 混合研究的步骤

11. 혼합연구의 예시

□ 학기 말에 설문지 한번, 인터뷰 한번 진행하는 경우

가. 양적으로 측정할 수 있는 설문지를 선행연구에서 찾는다.

나. 원래 있던 설문지를 제대로 번역해서 측정하고자 하는 분야를
　　구체적으로 정리한다.

다. 설문지의 신뢰도와 타당도를 먼저 측정한다.

라. 신뢰도와 타당성이 제대로 검증되면, 실제 설문지를 진행해서 데이터
를 수집한다.

마. 설문지 결과를 먼저 분석한다.

바. 유의미, 무의미한 부분을 정리한다.

사. 설문지를 작성한 연구대상자 중에서 인터뷰 대상자를 모집한다.

아. 인터뷰 대상자에게 설문지에서 도출된 결론에 대해서 어떻게 생각하
는지 구체적으로 물어보면서 내용을 확인한다.

여기에서 인터뷰 질문은, 설문지에서 유의미하게 나왔던 연구결과 부분을
집중적으로 질문하는 것이 인터뷰의 효율성을 높이는 데 큰 도움이 될 수
있을 것이다. 양적 결과의 유의미한 부분이 왜 그런지 확인하기 위한 과정
이다.

11. 混合研究的示例

□ 学期末进行一次问卷调查和一次访谈

1）在先行研究中查找量性测量调查问卷

2）准确翻译原版调查问卷，对要测量的领域进行具体的整理

3）首先检验调查问卷的信度和效度

4）检验了信效度后，进行实际的调查问卷收集数据

5）分析调查问卷结果

6）整理显著与不显著的部分

7）从填写调查问卷的人中挑选访谈对象

8）询问访谈对象对于调查问卷的结果有怎样的想法，具体的询问并确认相关内容

这里访谈的问题是：对调查问卷中显著的研究结果进行集中提问，将有助于提高访谈的有效性。这是为了确认量性结果为什么显著的过程。

결론적으로 양적으로 유의미한 부분이 질적으로도 같이 의미가 있다면 양적과 질적 두 가지 데이터의 결론이 같은 방향으로 분석되었기 때문에 더욱 강력한 연구결과가 도출될 수 있을 것이다. 질적연구방법을 추가해서 인터뷰에서 더 깊은 내용을 물어봤기 때문에 양적결과의 내용을 더 구체적으로 본인의 결론 부분에서 효율적으로 설명할 수 있을 것이다.

♦ 예시: 유학생 대상, 영어를 매개로 진행하는 수업 효과
(English as a Medium of Instruction, EMI)

1) 학기 말 EMI 수업에 대한 설문지를 진행함
2) 양적 결과분석을 간단히 분석함
3) 유의미/무의미 부분을 확인함
4) 설문지를 기본 데이터로 설정하여 그룹인터뷰 진행함
5) 인터뷰에서 도출된 결과를 양적 결과와 다시 비교함
6) 두 가지 연구 분석을 통하여 최종적으로 도출된 연구결과 분석함
7) 논문작성을 시작함

□ **혼합연구를 더 정교하게 측정하고 싶을 경우**

    o 두 번의 설문지 진행 → 학기 초에 실시하는 사전설문지 진행
                                  학기 말에 진행하는 사후설문지 진행

    o 두 번의 인터뷰 진행 → 사전설문지 이후에 바로 사전 인터뷰 진행
                                    사후설문지 이후에 바로 사후 인터뷰 진행

总而言之，量性结果显著的部分，质性结果也同样显著的话，量性和质性两种数据的结论就可以在同一方向上进行分析，因此可以得出更加强有力的研究结果。由于追加了质性研究的方法，在访谈中可以进行深入地提问，在结论中就可以更具体而有效地解释量性结果。

◆ 示例: 留学生为对象，英语为媒介进行的课堂的效果
　　　　（English as a Medium of Instruction, EMI）

1）学期末对实施EMI的课堂分发调查问卷

2）简单地分析量性研究结果

3）确认显著与不显著的部分

4）以调查问卷的数据为基础进行小组访谈

5）将访谈结果与量性结果再次进行比较

6）通过两种研究分析得出最终结论并进行分析

7）开始写作

□ **想更精确地使用混合研究进行测量**

○ 进行两次调查 → 学期初实施事前调查
　　　　　　　　　 学期末实施事后调查

○ 进行两次访谈 → 事前调查之后马上进行事前访谈
　　　　　　　　　 事后调查之后马上进行事后访谈

□ 예시: 국내 예비교사 학교현장실습 효과 연구

○ 학기 초 사전설문지를 진행함
사전설문지 이후, 양적 연구 분석을 바탕으로 사전 인터뷰를 같이 진행함

→ 교수효능감 설문지를 사용하여 참여 대상별로 간단히 어떤 부분이
  자신 있고, 어떠한 부분이 자신 없는지 확인하고 간단히 정리함

○ 학기 말에 두 번째 설문지 진행 (사후설문지)
  - 사전설문지와 사후설문지 간의 차이점과 변화에 대해서 양적으로
    유의미한 부분을 분석함
  - 사전과 같은 인터뷰 대상자를 대상으로 사후 인터뷰 진행함
  - 사전 인터뷰와 사후인터뷰의 교수효능감 차이점에 대해서 공통점과
    차이점을 비교함

결론적으로 양적으로 사전, 사후설문지를 통해서 유의미하게 변화된 부분
을 질적으로 같이 확인해서 양적과 질적 연구결과가 공통점을 가지는 부분
은 어느 부분인지, 차이점을 가지는 부분은 어느 부분인지 총괄적인 연구결
과를 도출할 수 있다.

□ 示例: 韩国职前教师学校实习的效果研究

○ 学期初进行事前调查
事前调查之后，以量性研究分析结果为基础立刻进行事前访谈

→ 使用教学效能感的问卷，对访谈对象哪一部分有自信，哪一部分没有自信进行简单的提问后进行整理

○ 学期末进行第二次问卷调查(事后调查)
－ 事前调查和事后调查的差别和变化通过量性分析发现显著的部分
－ 对事前访谈相同的访谈对象进行第二次访谈
－ 比较事前访谈和事后访谈中教学效能感的差别

总而言之，通过事前事后调查，利用量性研究方法分析出有显著变化的部分，再用质性研究方法确认此部分，从而寻找量性分析和质性分析结果中的共同点和差异点，得出最终的结论。

12. 미국 교육시스템이 쉽게 일반화될 수 없는 이유

필자의 지도교수님은 2017년 전 세계 테솔 학회 회장이었기 때문에 필자도 미국 전역으로 학회를 많이 다녔다. 미국 전역의 사람들이 필자의 지도교수님과 이야기하고 싶어 했고 필자 역시 옆에서 따라다녔기 때문에 미국 학회에서 유명한 학자들을 많이 만나게 되었다. 지도교수님을 따라다니면서 같이 발표하고 느낀 점은 미국 교육시스템은 절대 쉽게 일반화될 수 없다는 점이다.

구체적 예시를 들면, 영어학습자 (다문화, 다언어 학생들)에 대한 특별 교육법이 있는 미국의 주는 총 50개수 중에서 8개 주밖에 없다. 이민자가 특히 많은 플로리다, 텍사스, 애리조나, 캘리포니아, 뉴욕 등이 있다.

그렇다면 총 50개의 주중에서 42개 주는 다언어 학생, 영어학습자 또는 이민자 학생을 위한 특별 교육법이 없다는 결론이 나온다. 이런 상황에서 학회발표를 하면, 미국 전역의 사람들이 다 모여있는 상황이다. 결국, 영어학습자 특별 교육법이 없는 주에서는, 왜 이러한 다언어 교사교육이 가능한지 매우 궁금해했다. 왜냐하면, 본인이 거주했던 주에는 이러한 교육법이 없기 때문에 영어학습자를 위한 맞춤형 교사양성 프로그램 자체가 존재하지 않았다.

그래서 지도교수님과 같이 학회에서 발표를 하면 필자가 먼저 항상 플로리다 교육법에 관해서 설명해야 했고 학회 참가자들에게 먼저 이해와 인식을 시켜야 실제 발표를 제대로 진행할 수 있었다.

12. 不能轻易对美国教育体系一概而论的原因

由于笔者的指导教授在２０１７年担任了全世界TESL学会的会长，因此笔者跟随教授在美国各地参加了很多学术会议。由于各地区的参会者都渴望与笔者的指导教授进行交流，笔者因此得以见到了很多著名学者。与指导教授一同发表时感受最深的点是：绝不能轻易对美国的教育体系一概而论。

比如说，在全美５０个州里，针对英语学习者们(多元文化、多元语言的学生们)实行特殊教育法的州只有８个。即，移民者最多的佛罗里达州、德克萨斯州、亚利桑那州、加利福尼亚州和纽约等。

因此，我们可以得到的结论是：全美５０个州中，有４２个州没有对多元语言的学生、英语学习者和移民者设立特殊教育法。这种学术会集合了全美所有地区的人，那么，参会者若来自没有针对英语学习者专门立法的州，就会对多元语言教师教育的可行性产生疑问。因为他们居住的地方没有相关教育法，也就不存在为英语学习者提供的针对性教师养成体制。

因此，跟随指导教授一起参加学术会发表时，笔者总会首先向大家介绍佛罗里达州的教育法，目的是先让参会者们有一个基础的认识，发表才能顺利的进行。

플로리다주의 이민자, 영어학습자를 위한 플로리다 특별 교육법, 플로리다 콘센트 디크리 라고 불린다.

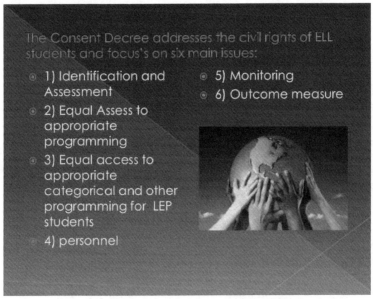

[그림20] Florida Consent Decree[41]

41) Florida Consent Decree
http://www.fldoe.org/academics/eng-language-learners/consent-decree.stml#:~:text=The%20Consent%20Decree%20is%20the,Civil%20Rights%20Act%20of%201964

佛罗里达州针对移民者和英语学习者的特殊教育法又被称作Florida Consent Decree。

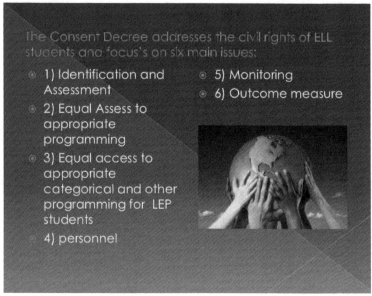

［图 20］Florida Consent Decree[42]

---

42) Florida Consent Decree
http://www.fldoe.org/academics/eng-language-learners/consent-decree.stml#:~:text=The%20Consent%20Decree%20is%20the,Civil%20Rights%20Act%20of%201964

미국 플로리다주 바로 위에 조지아주가 붙어있는데 바로 위에 붙어있는 주의 사람들도 특별법이 없어서 플로리다의 특별교육법에 대해서 다시 물어보는 상황이 발생했다. 그래서 미국학회에서 30분 발표를 한다고 가정하면 필자가 항상 먼저 5분 동안 플로리다 교육법에 대해서 구체적으로 설명하고 그다음에 지도교수님이 이어서 발표 진행을 했다.

문제는 영어학습자를 위한 특별 교육법이 없는 주의 학회 참가자들은 한 번 들어서 이해가 안 되기 때문에 발표 끝나고 항상 다가와서 다시 질문했다.

미국은 주마다 교육법이 조금씩 달라서 하나의 잣대로 교육시스템의 일반화가 불가능하다는 점이다. 미국은 중앙정부에서 지침을 내려도 주 정부마다 의견이 다를 수 있으므로 거부권을 행사할 수 있다. 결론적으로 미국 교육시스템을 하나의 잣대로 일반화하기 너무나 어렵다.43)

---

43) Ercikan, K., & Roth, W. M. (2014). Limits of generalizing in education research: Why criteria for research generalization should include population heterogeneity and users of knowledge claims. Teachers College Record, 116(5), 1-28.

Lincoln, Y. S., & Guba, E. G. (2000). The only generalization is: There is no generalization. Case study method, 27-44.

佐治亚州位于佛罗里达州北方，由于该州的人们不享有特殊教育法，因此经常需要针对佛罗里达州的特殊教育法进行询问。假设美国学会大发表时间为三十分钟，笔者常常要用 5 分钟的时间向大家介绍佛罗里达州的教育法，之后再由指导教授开始发表。

问题是对于没有针对英语学习者设立特殊教育法的州，参会者没办法一时间就能接受和理解，因此常常在发表结束后继续提问。

美国各个州的教育法都不相同，不能仅用某一个教育体系去概括全国的教育体系。因为即使美国的中央政府下达了指示，州政府也会因为持有不同意见而拒绝实行。因此，将美国的教育系统一概而论是不现实的。[44]

---

44) Ercikan, K., & Roth, W. M. (2014). Limits of generalizing in education research: Why criteria for research generalization should include population heterogeneity and users of knowledge claims. Teachers College Record, 116(5), 1-28.

Lincoln, Y. S., & Guba, E. G. (2000). The only generalization is: There is no generalization. Case study method, 27-44.

11장. 변화의 필요성

필자는 국내 대학의 종합시험을 경험하면서 대학원 유학생의 종합시험 목적은 무엇일까에 대해서 깊은 고민을 하게 되었다. 종합시험의 최종목적이 대학원 유학생이 그동안 수업시간에 배웠던 내용적 지식을 단순히 점검하는 것이 최종목적일까 하는 생각이 들었다.

구성주의 학습이론이 본격적으로 도입된 것이 1990년대이고 그 이후에 많은 시간이 흘렀다. 대략 30년 정도의 시간이 흘렀는데 아직도 많은 대학원 유학생들이 수업시간에 일방적으로 전달된 지식에 관한 내용을 달달 외우는 단순 암기방식으로 종합시험을 공부하고 시험을 치르고 있다.

종합시험의 목적은 대학원 유학생들이 배운 기본적인 내용과 지식을 가지고 스스로 지식을 활용한 적용 경험을 통해 지식을 구성할 수 있도록 해줘야 더 효율적인 공부 방식과 종합평가라고 생각한다.

결국, 배운 내용을 바탕으로 미국 종합시험과 유사하게, 대학원 유학생 본인의 논문 1장과 2장을 직접 작성하고 쓰면서 스스로 경험하고, 직접 논문을 쓰는 과정을 통해서 대학원 유학생 본인이 지식을 구성 또는 재구성할 수 있도록 종합시험 방식의 변화가 필요한 시점이라고 생각한다.

지금까지 진행된 대학원 유학생들이 배운 내용을 단순 암기하여 시험을 치르는 방식에서 벗어나서, 수업시간에 배운 기본 지식을 가지고 어떻게 대학원 유학생들이 스스로 지식을 활용, 적용하는 경험을 할 것 인가에 대해서 다시 고민해봐야 하는 시점이다. 결국, 유학생들의 실질적인 경험을 통한 지식구성이 목적이라면, 대학원 유학생의 논문 1, 2장 작성이 종합시험의 취지에 더 알맞은 방법일 수도 있다.

第11节 改变的必要性

笔者通过观察，对研究生院的留学生参加综合考试的目的产生了深度疑问：综合考试的最终目的是否是为单纯地检测留学生们在课上学到了多少内容？

自90年代引入了建构主义学习理论，已经经过了大约30年的时间 ，现在研究生院的留学生们依然经历着单方向知识传达的过程，为完成综合考试单纯地背诵记忆学过的知识。

综合考试的真正目的应该是让研究生院的留学生们能够独自应用学到的基本知识，通过应用经验对知识进行再构建。因此我们需要思考更高效的学习方法和评价方式。

总而言之，进行与美国相同的综合考试，即，以学到的知识为基础，学生们直接撰写构成自己论文的第1，2章。我们有必要思考转变综合考试的方式：通过撰写论文的过程，学生自己构建或再构建知识。

要重新思考学生怎样才能够实际运用课堂上所学的基础知识，而不是简单地背诵然后参加考试。因此，如果以让学生通过实践重新构建知识为目的，那么通过撰写论文第1，2章代替综合考试可能是更适合的方式。

결국, 학습자가 실제로 하면서 배우는 경험이 중요하고, 그 경험에 따라서 어떻게 학습자가 지식을 구성, 재구성할 수 있는지를 평가하는 방식으로 종합시험 방식의 변화를 진지하게 생각해야 할 시점이라고 제안한다.

아래 [그림21]은 미국 박사학위과정 진행단계의 예시이다.

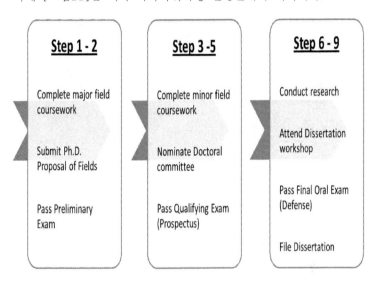

Step 1 - 2

Complete major field coursework

Submit Ph.D. Proposal of Fields

Pass Preliminary Exam

Step 3 -5

Complete minor field coursework

Nominate Doctoral committee

Pass Qualifying Exam (Prospectus)

Step 6 - 9

Conduct research

Attend Dissertation workshop

Pass Final Oral Exam (Defense)

File Dissertation

[그림21] 미국 박사과정 진행단계 예시

总而言之，学生通过实践学习的经验非常重要。因此，建议应该认真考虑将综合考试变为：评估学生如何通过经验构建及再构建知识。

下图为美国博士学位的进行过程及阶段。

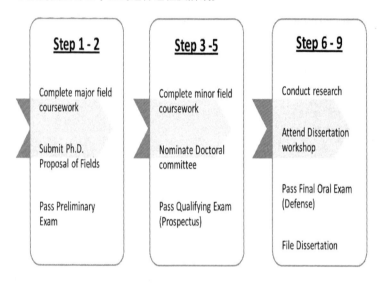

[图 21] 美国博士阶段示例

1. 교수자의 다문화, 다언어 반응 교수법45)

미국 몇몇 주(state)에서는 교수진(faculty)도 다문화, 다언어적인 부분에 대해서 스스로 연수를 진행해야 할 의무가 있다. 왜냐하면, 전 세계 많은 국제학생이 미국 대학으로 유학을 오고, 그런 상황에서 교수진 역시 다양한 국제학생들을 제대로 지도하기 위해서 다문화, 다언어 반응적 교수법에 대해서 이해하고 적용할 필요성이 있기 때문이다. 이러한 내용은 문화반응적, 언어반응적 교수법[그림21]이라고 불리고 현재 이 분야에 대해서 활발하게 연구가 진행되고 있다.

국내 대학의 교수자에게도 이런 연수가 필요한 이유는 대학원 유학생 중 학위만 취득하여 돌아가려는 유학생들에게, 이런 연구 방향성이 옳지 않으며 유학의 본질이 아니라는 것을 명확히 설명해 주어야 하기 때문이다. 유학의 본질과 목적은 유학을 하는 나라의 최근 연구나 교육 추세를 배워서 본국에 돌아가 본인이 스스로 적용할 수 있는, 새롭고 특별한 시각을 가진 인재가 되어야 한다고 생각한다. 결국, 몇몇 대학원 유학생들이 빨리 학위만 취득하여 본국에 돌아가는 것을 목표로 하고 있다면, 지도교수의 관점에서 학생들에게 제대로 된 연구 방향성과 연구 단계에 대해서 다시 한번 확실히 교육해야 할 필요성이 있다고 생각한다.

---

45) de Jong, E. J., Naranjo, C., Li, S., & Ouzia, A. (2018, April). Beyond compliance: ESL faculty's perspectives on preparing general education faculty for ESL infusion. In The Educational Forum (Vol. 82, No. 2, pp. 174-190). Routledge.

Coady, M., Li, S., & Lopez, M. Twenty-five Years after the Florida Consent Decree: Does Preparing All Teachers for English Learners Work?. Florida Association of Teacher Educators Journal.

1. 教学者的多元文化、多元语言回应式教学法[46]

在美国的一些州(state)，教授们(faculty)有义务进行多元文化、多元语言的研修。由于美国拥有着全世界数量最多的国际留学生，因此在这样的环境下，教授们为了指导多样的国际学生，有必要理解和使用多元文化、多元语言回应式教学法。这些内容被称之为文化回应式教学法和语言回应式教学法，目前学术界针对该领域正在开展积极的研究。

韩国大学的教授同样需要这方面培训的原因是要向那些以只为拿到学位为目的的留学生说清楚，这样的研究方向是不正确的，不是留学的本质。留学的本质和目的是：学习该国最新的研究或教育动向，回国之后进行实践应用，成为具有特别的、新的视角的人材。总之，如果研究生院的留学生们仅仅以快速拿到学位回国为目的，在指导教授看来有必要再次教育学生什么是正确的研究方向和阶段。

---

46) de Jong, E. J., Naranjo, C., Li, S., & Ouzia, A. (2018, April). Beyond compliance: ESL faculty's perspectives on preparing general education faculty for ESL infusion. In The Educational Forum (Vol. 82, No. 2, pp. 174−190). Routledge.

Coady, M., Li, S., & Lopez, M. Twenty−five Years after the Florida Consent Decree: Does Preparing All Teachers for English Learners Work?. Florida Association of Teacher Educators Journal.

물론 유학생 개인마다 유학의 목적과 본질이 다를 수 있으나, 기본적인 유학의 본질에 대해서는 모두가 공통점을 가지고 있다고 생각한다. 이 책을 읽고 있는 국내 대학원 유학생들에게 다음과 같은 질문을 던져본다.

♦ 본인의 유학 본질과 목적이 빠른 졸업과 빠른 학위 취득을 하고 난 뒤 본국으로 돌아가는 것인가?

EXECUTIVE SUMMARY

The 4 Principles of Culturally Responsive-Sustaining Education

The 4 principles that organize the New York State Education Department's CR-S Framework are inspired by the 4 high leverage strategies that emerged from Buffalo Public School's work on Culturally and Linguistically Responsive Education.

Welcoming and affirming environment

High expectations and rigorous instruction

Inclusive curriculum and assessment

Ongoing professional learning

[그림22] 문화반응적 교수방법

即使每个留学生留学的目的和本质各不相同，但基本的留学的本质都具有共性。笔者想对正在对这本书的韩国研究生院的留学生们提一个问题。

♦ 大家留学的本质和目的真是的为了快速毕业、快速拿到学位之后回国吗？

EXECUTIVE SUMMARY

The 4 Principles of Culturally Responsive-Sustaining Education

The 4 principles that organize the New York State Education Department's CR-S Framework are inspired by the 4 high leverage strategies that emerged from Buffalo Public School's work on Culturally and Linguistically Responsive Education.

| Welcoming and affirming environment | High expectations and rigorous instruction | Inclusive curriculum and assessment | Ongoing professional learning |

［图 22］文化回应式教学法

2. 이중 언어 교수자를 강조하는 이유는? [그림22]

최근 한국 사회도 다문화, 다언어 사회가 되어가고 있고 학교 현장에서 많은 다문화, 다언어 학생들을 볼 수 있다. 이런 상황에서 국내 교사양성 프로그램은 다음과 같은 질문을 예비 교사에게 던져볼 필요가 있다.

예비교사는 다문화적인 경험을 해본 적이 있는가?
예비교사는 이중언어, 다언어를 경험 해본 적이 있는가?
예비교사 스스로 이중언어를 구사할 수 있는가?
예비교사는 이전에 다양성에 노출된 경험이 있는가?

필자의 박사 논문의 최종결론은 예비 교사의 이중언어 능력이 미래의 영어학습자나, 언어학습자를 가르칠 때 매우 중요하다는 결론이었다.

그 이유는 미국 초등학교 예비교사의 경우 콘텐츠를 가르치는 교사인데 이러한 예비 교사 본인 스스로가 다언어적인 경험이 있거나 본인 스스로가 이중언어를 구사할 수 있다면, 콘텐츠 수업에서도 영어학습자들의 학문적 목적의 영어 필요성을 충분히 잘 인지한다는 결론이었다. 구체적으로 영어학습자들이 콘텐츠 수업시간에 학문적인 영어를 더 효율적으로 지도할 수 있고 학습자들이 배울 수 있도록 유도한다는 결론이었다. 정리하면 예비 교사의 다양성에 대한 노출과 다문화, 다언어적와 관련된 개인적인 경험이 미래의 영어학습자를 가르칠 때 굉장히 긍정적으로 작용한다는 의미이다.

현직의 교사가 이중언어를 구사할 수 있다면, 본인이 콘텐츠 수업을 진행할 때도 언어적인 측면의 중요성을 인지하기 때문에 콘텐츠와 언어를 동시에 가르치는 그런 교사가 될 수 있다.

2. 强调双语教师的原因（如图22）

最近韩国正步入多元文化、多元语言的社会，在学校也可以看到很多的多元文化、多元语言的学生。这种情况下，韩国的教师培养项目需要思考以下几个问题。

职前教师有多元文化背景吗？
职前教师有双语或多语背景吗？
职前教师具有口述双语的能力吗？
职前教师之前有展示出多样性的经验吗？

笔者学位论文的最终结论是：职前教师的双语能力对未来教授英语学习者或语言学习者有重要影响。

因为美国小学的职前教师是教给学生专业知识的教师，该教师个人具有多语经历或教师个人具备双语能力的话，他们可以充分地认识到在课堂上教授英语学习者们学术英语的重要性。具体来说，可以引导他们在专业课时间高效地指导英语学习者们学习学术英语。总而言之，职前教师表现出的多样性和他们自己的多元文化、多元语言的经历在未来教授英语学习者时起到很大的积极作用。

现职教师的双语者在进行专业课教学时，基于他们对语言重要性的认识，会将教师定位成教授专业知识的同时也教授语言知识。

이러한 개념을 포지셔닝(마음가짐) 이론과 연결해서 설명하면 이중언어 교수자는 기본 마인드 자체가 본인은 콘텐츠와 언어를 동시에 가르친다는 포지셔닝으로 시작한다.

반면에 모국어밖에 못하는 선생들은 (미국에서는 영어), 본인이 콘텐츠만 가르치는 사람이라고 생각하고, 영어학습자의 콘텐츠 수업 내에서의 학문적 언어학습에는 큰 관심이 없다.

이 두 가지 부류의 선생들은 다문화, 다언어 학생을 자기도 할 때, 포지셔닝(마음가짐)이 완전히 다를 수 있다는 것이, 최근 미국 이중언어 교사교육에서의 핵심적인 결론 중에 하나다.[47]

이중언어자 교수자는 언어학습자를 보는 시각이 색다를 수 있다. 결국, 언어학습자를 대하는 마음가짐(포지셔닝) 자체가 다르다는 의미다. 결국, 콘텐츠 수업 안에서도 언어적인 측면을 충분히 강조하여 수업할 수 있는 기본적인 능력과 역량이 있기 때문이다.

이러한 부분은 최근 연구로서 많이 증명되었다. 최근 미국 교사양성 프로그램 내에서 이중언어를 할 수 있는 예비 교사를 더욱 많이 양성하자는 논리의 주된 이유다. LOTE (Languages Other Than English)라는 능력을 최근에 많이 강조하고 있다.[48]

---

47) Yoon, B. (2008). Uninvited guests: The influence of teachers' roles and pedagogies on the positioning of English language learners in the regular classroom. American Educational Research Journal, 45(2), 495–522.

48) Coady, M. R., Harper, C., & De Jong, E. J. (2016). Aiming for equity: Preparing mainstream teachers for inclusion or inclusive classrooms?. TESOL Quarterly, 50(2), 340–368.

将该概念与定位理论(心态)相联系来说明，双语教师的基本思想定位就是同时教授专业知识和语言知识。

　　相反，只会说母语的教师们(如：在美国只会说英语的教师)则认为自己只是教授相关知识的老师，因此基本不关心专业课上英语学习者学术英语的学习。

　　这两类老师在指导多元文化、多元语言的学生时，自我定位(心态)完全不同。这是最近美国双语教师教育研究的核心结论之一。[49]

　　双语教师看待语言学习者的视角完全不同。换句话说，对待语言学习者自己的心态(自我定位)完全不同。因此，在专业课上也仍然充分重视学生语言的方面，具备讲课的基本能力和素质。

　　该部分在最近的研究中得到了充分的证明。这也是最近美国教师培养项目计划培养更多的双语教师的原因。即，被称为LOTE(Languages Other Than English)的能力，最近非常重视[50]

49) Yoon, B. (2008). Uninvited guests: The influence of teachers' roles and pedagogies on the positioning of English language learners in the regular classroom. American Educational Research Journal, 45(2), 495−522.
50) Coady, M. R., Harper, C., & De Jong, E. J. (2016). Aiming for equity: Preparing mainstream teachers for inclusion or inclusive classrooms?. TESOL Quarterly, 50(2), 340−368.

What are multilingual classrooms?

[그림23] Multilingual Classrooms

What are multilingual classrooms?

[图 23] Multilingual Classrooms

3. 국내 대학원 유학생들에게 다양한 형태의 수업 제공[51]

필자가 생각하는 유학의 최종목적은 본인 전공의 콘텐츠 학습과 그 나라의 언어학습이 동시에 진행되는 것이다. 유학하는 나라의 언어 능력이 부족하면 콘텐츠를 배우는 부분에 있어서 큰 한계점이 있을 수 있다. 결국, 콘텐츠와 언어학습, 이 두 가지는 반드시 유학의 목적으로 동시에 진행되어야 한다.

만약에 한국어가 부족한 대학원 유학생이라면, 영어를 매개로 하는 수업 [그림23]을 진행하는 것도 한 가지 방법이 될 수 있다. 대학원 유학생들이 콘텐츠를 영어로 배우면서 영어 실력도 함께 증진할 좋은 기회라고 생각한다. 실제로 많은 대학원 유학생들이 영어 수업, 즉 원어로 진행하는 수업을 선호하고 본인들 역시 본국으로 돌아가서 교수자가 되었을 때 영어로 수업을 진행하는 것의 중요성을 인지하고 있다.

물론 한국에서 현재 유학을 하는 상황이기 때문에, 한국의 문화와 언어에 대해서 제대로 익히고 배워야 하는 것이 기본적인 국내 유학생의 목표이다. 하지만 다양한 형태의 수업을 제공한다는 의미로 봤을 때, 영어를 매개로 하는 수업도 유학생들에게 좋은 수업경험과 높은 수업만족도를 제공할 수 있을 것으로 기대된다.

---

51) Dearden, J. (2014). English as a medium of instruction-a growing global phenomenon. British Council.

He, J. J., & Chiang, S. Y. (2016). Challenges to English-medium instruction (EMI) for international students in China: A learners' perspective. English Today, 32(4), 63.

3. 为韩国研究生院的留学生们提供多样的课程[52)]

笔者认为留学的最终目的是学习自己的专业知识的同时，学习留学国家的语言。若语言能力不足，在学习专业知识时就会大大受限。总之，专业知识和语言学习，两者必须同时进行，才是留学的目的。

若研究生院的留学生们韩语能力不足，那么进行以英语为媒介语言的课程（如图23所示）也是一个方法。这样研究生院的留学生们学习专业知识，对提高英语能力也是个很好的机会。事实上，很多研究生院的留学生更喜欢用英语授课，因为他们认识到了回国成为教授之后，英语授课能力的重要性。

当然，由于目前是在韩国留学，所以基本目标是学习和了解韩国文化和语言。但是站在提供多样形态的课程的立场来看，以英语作为媒介语言讲授的课程同样可以为留学生提供很好的课程体验和满足感。

---

52) Dearden, J. (2014). English as a medium of instruction—a growing global phenomenon. British Council.

He, J. J., & Chiang, S. Y. (2016). Challenges to English—medium instruction (EMI) for international students in China: A learners' perspective. English Today, 32(4), 63.

[그림24] English as a Medium of Instruction

[图 24] English as a Medium of Instruction

4. 대학 교수자의 역할

필자가 생각하는 대학 교수자의 본질적 역할은 세 가지 단어로 설명될 수 있을 것 같다. 수업, 연구, 논문지도 있다.

□ 수업

수업은 학습자들의 의미있는 교육경험을 위해 진행되어야 한다. 21세기, 그리고 코로나19 상황에서 교수자의 역할은 에듀테크를 활용하여 블렌디드 러닝 및 온라인 교육을 효율적으로 진행할 수 있는 교수자여야 한다.

이러한 내용은 필자가 박사과정중에서도 이미 강조되고 있었는데, 코로나 상황에서 준비 안 된 상태로 급격하게 수업을 바꾸려고 하다 보니 여러 가지 문제점들이 초반에 생겼다.

특히 대학원 유학생들이 현재 코로나 상황에서 국내에 입국하지 못한 채로 원격(예:줌)으로 실시간 수업을 많이 받고 있는데, 이 부분에 관한 충분한 연구와 수업에 대한 결과분석이 계속 진행되어야 한다고 생각한다.

4. 大学教授的角色

笔者认为大学教授的的角色可以用三个词概括。即，授课、科研、论文指导。

□ 授课

应该以为学习者们提供有意义的教育体验而授课。处在伴随着新冠疫情的21世纪，教师的角色是通过运用教育技术进行高效的混合学习和线上授课。

笔者读博期间就已经强调过该内容，但由于新冠疫情的突发性，在没有丝毫准备的情况下紧急更换了授课方式，也产生了各种各样的问题。

特别是研究生院的留学生们，由于新冠疫情导致无法出境，则更多的通过远程(ZOOM)进行实时授课。笔者认为应对该部分进行充分的研究并持续分析授课成果。

□ 연구

필자가 생각하는 연구자로서의 역할은 끊임없이 공부하고 새로운 전문영역을 확장해야 하지 않을까 생각한다. 21세기 융합, 4차산업혁명, AI 시대 흐름에 있어서 한 가지 분야에만 전문가인 연구자는 시대적 흐름에 맞지 않을 수 있다. 여러 분야와 영역을 동시에 다 잘할 수 있는 연구자를 요구하는 시대가 되어가고 있다. 그런 의미에서 멀티플레이어 연구자의 존재가 필요하다.

교육학 영역에서도 한 가지 분야만 잘하게 되면 다른 분야의 논문을 심사위원으로서 참석하지 못하거나 학생들을 제대로 지도할 수 없다. 결국, 한가지 우물을 깊게 파는 것도 중요하지만, 동시에 전문영역을 확장한 연구자도 필요하지 않을까 생각한다.

특히 필자와 같이 교육방법, 교육공학 쪽 분야를 전문으로 하는 연구자는 여러 분야를 잘해야 하는 운명이 있다. 왜냐면 어떻게 효율적으로 가르칠지에 대해서 다양한 전문분야의 연구자들과 서로 피드백을 주거나 코칭을 서로 해줘야 하기 때문이다.

□ 논문지도

대학원 유학생들의 연구를 지도할 때는, 올바르게 연구의 방향성, 그리고 기본적인 연구 단계를 거쳐서 연구하는 법을 알려줘야 한다고 생각한다. 더불어 연구를 할 때 연구자의 윤리성과 함께 깊게 생각하는 비판적 사고와 연구의 본질에 대해서 이해할 수 있는 통찰력을 길러주어야 한다.

□ 科研

笔者认为研究者需要不断学习，扩展自己新的专业领域。２１世纪是融合交融的时代，也是第四次产业革命和人工智能（AI）相交融的时代。专业的研究者应该顺应时代潮流，不是仅着眼于一个领域，而是能同时在多个领域富有建树的研究者才是这个时代需要的。总之，这个时代需要全能型研究者。

若只精通教育学中一个领域，就无法参与其他领域的论文审查，也就无法指导学生写好论文。作为研究者将一个领域吃透固然重要，但与此同时扩宽自己的研究领域也同样重要。

特别是像笔者一样专攻教学法和教育技术学的研究者，也需要同时在其他领域进行研究，因为需要与其他专业领域研究者就如何高效地教学进行交流并得到反馈。

□ 论文指导

研究生院的留学生写论文时，需要告诉他们按照正确的研究方向和基础的研究步骤进行研究的方法。同时，研究时，需要有深入思考研究者道德伦理的批判性思维和对研究的本质理解的洞察力。

5. 교수자, 연구자의 성찰일지53) [그림24]

교수자 또는 연구자 본인은, 스스로 성찰일지를 꾸준히 적으면서 정리를
해야 하지 않을까 생각한다. 대학원 유학생들을 지도하면서 부분, 부분, 파
편으로 흩어져 있는 생각들을 글을 통해서 생각을 정리하고, 부족하고 빠진
부분이 무엇인지, 어떤 부분을 더 추가해야 하는지 종합적으로 생각한 내용
에 대해서 글로 조금 더 명확히 표현할 수 있을 것이다.

필자가 이 교재를 집필하는 이유도 위와 같다. 대학원 유학생 대상으로
수업을 진행하고 연구를 지도하면서 느낀 점과 필자 자신의 성찰을 책으로
편찬해서 미래의 대학원 유학생들을 올바르게 지도하기 위함이다.

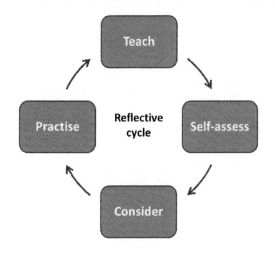

[그림25] Reflective cycle54)

---

53) Newman, S. J. (1996). Reflection and teacher education. Journal of education for teaching, 22(3),
297-310.

Luttenberg, J., & Bergen, T. (2008). Teacher reflection: the development of a typology. Teachers
and teaching, 14(5-6), 543-566.

5. 教师和研究者的省察日记[55]（如图 2 5 所示）

笔者认为教师或研究者应该不断记录整理自己的省察日记。在指导研究生院的留学生们时，应该将碎片式的部分想法整理成文字。缺失不足的部分是什么？应该追加的部分是什么？综合这些内容形成清晰的书面文字。

这也是笔者编写本教材的原因。即，本教材作为笔者自己的省察日记，记录了在给研究生院的留学生们上课和指导他们写论文过程中的感受和想法，为了在今后能够正确地指导学生。

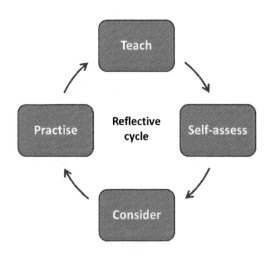

[图 25] Reflective cycle[56]

54）http://mmiweb.org.uk/hull/1_hullpgce/assessment/ass_supp_secondary/reflection/models/model2.html

55）Newman, S. J. (1996). Reflection and teacher education. Journal of education for teaching, 22(3), 297−310.

Luttenberg, J., & Bergen, T. (2008). Teacher reflection: the development of a typology. Teachers and teaching, 14(5−6), 543−566.

56）http://mmiweb.org.uk/hull/1_hullpgce/assessment/ass_supp_secondary/reflection/models/model2.html

6. 끝을 맺으며

국내 몇몇 대학원 유학생들이 빨리 졸업하기 위해서 올바른 연구방향성과 연구단계를 거치지 않고 테크닉적인 측면으로 연구를 쉽게 접근하고 있다. 본 교재 마지막에 다시 한번 강조하지만 연구방법론을 테크닉 측면으로만 접근하면 퀄리티 높은 연구를 진행할 수 없다. 또한, 방법론에 집중하는 그 자체가 학위논문의 연구 본질이 될 수 없다는 점을 강조하고 싶다.

이 책을 읽으면서 국내에 재학 중인 대학원 유학생들이 지금까지 본인이 해왔던 연구가 올바른 단계와 미래 방향성을 가진 논문인지 다시 성찰할 필요가 있다고 생각한다. 깊은 통찰력, 자기성찰, 비판적 사고를 통해서 본인 연구의 본질과 원리를 찾는 방법에 대해서 국내에서 유학하는 대학원생 스스로 깊이 생각해봐야 할 것이다.

마치 공장에서 찍어내는 듯한 학위논문이 아니라, 대학원 유학생 스스로 미래에 독립적인 연구자가 될 수 있도록, 그리고 올바른 연구 단계와 미래 방향성을 가진 논문을 작성할 수 있도록 해야 된다.

대학원 유학생의 깊은 사고와 비판적 성찰을 통해서 본인이 '알고 있다'라는 개념에 대한 인식론적인 변환이나, 전환이 절실히 필요하다고 생각한다. 선행연구 논문을 몇 편 읽었다고 그 분야가 본인 전문분야가 되지 않으며, 반드시 유학생으로서 직접 선행연구 정리를 제2언어를 사용해서 글로 작성한 다음에 실제 연구자료를 수집할 것을 강조한다.

국내 재학 중인 모든 대학원 유학생들이 질 높은 학위논문과 올바른 연구를 진행하길 바라며 이 책을 마친다.

6. 结语

韩国研究生院的留学生们为了迅速毕业，在还没有历经正确的研究方向和研究阶段的情况下，只利用技术就轻易地开展研究。本教材在最后再次强调：研究方法论只是技术，并不会带来高质量地论文，也不能成为学位论文的本质。

阅读本教材的在韩留学生们，需要再次思考到目前为止，研究是否经历了正确的研究步骤，是否符合未来研究方向。通过深度洞察力、自我反省和批判性思维，研究生院的留学生们需要对寻找自己论文本质和原理的方法进行深入的思考。

学位论文不是像工厂的流水线一样生产出来的，其目的是使学生将来能够成为独立的研究者，也能够撰写出符合正确研究阶段未来研究方向的论文。

研究生院的留学生们需要通过深度思考和批判省察，切实转变自己"已经知道了"的认识观念。仅仅读过几篇先行研究，并不能成为该领域的专家。一定要在整理并用第二外语写成文字之后，再开始收集研究资料。

在结束本书时，真诚希望所有在韩国留学的研究生都能写出高质量的论文，进行正确的研究。

참고문헌:

Aronowitz, S. (2012). Paulo Freire's radical democratic humanism: The fetish of method. *Counterpoints*, 422, 257−274.

Bartolome, L. (1994). Beyond the methods fetish: Toward a humanizing pedagogy. *Harvard educational review*, 64(2), 173−195.

Coady, M. R., Harper, C., & De Jong, E. J. (2016). Aiming for equity: Preparing mainstream teachers for inclusion or inclusive classrooms?. *TESOL Quarterly*, 50(2), 340−368.

Coady, M., Li, S., & Lopez, M. Twenty−five Years after the Florida Consent Decree: Does Preparing All Teachers for English Learners Work?. *Florida Association of Teacher Educators Journal*.

Creese, A. (2004). Bilingual teachers in mainstream secondary school classrooms: Using Turkish for curriculum learning. *International Journal of Bilingual Education and Bilingualism*, 7(2−3), 189−203.

DeLyser, D. (2003). Teaching graduate students to write: A seminar for thesis and dissertation writers. *Journal of Geography in Higher Education*, 27(2), 169−181.

de Jong, E. J., Naranjo, C., Li, S., & Ouzia, A. (2018, April). Beyond compliance: ESL faculty's perspectives on preparing general education faculty for ESL infusion. In The Educational Forum (Vol. 82, No. 2, pp. 174−190). Routledge.

Dearden, J. (2014). English as a medium of instruction−a growing global phenomenon. British Council.

Dellinger, A. B., Bobbett, J. J., Olivier, D. F., & Ellett, C. D. (2008). Measuring teachers' self-efficacy beliefs: Development and use of the TEBS-Self. *Teaching and teacher education*, 24(3), 751-766.

Donovan, M. S., Snow, C., & Daro, P. (2013). The SERP approach to problem-solving research, development, and implementation. *National Society for the Study of Education Yearbook*, 112(2), 400-425.

Ercikan, K., & Roth, W. M. (2014). Limits of generalizing in education research : Why criteria for research generalization should include population heterogeneity and users of knowledge claims. *Teachers College Record*, 116(5), 1-28.

Flores, B. B. (2001). Bilingual education teachers' beliefs and their relation to self-reported practices. *Bilingual Research Journal*, 25(3), 275-299.

Gardner, S. K. (2009). The Development of Doctoral Students—Phases of Challenge and Support. ASHE Higher Education Report, Volume 34, Number 6. *ASHE higher education report*, 34(6), 1-127.

Harris, K. R., & Graham, S. (1994). Constructivism: Principles, paradigms, and integration. *The journal of special education*, 28(3), 233-247.

He, J. J., & Chiang, S. Y. (2016). Challenges to English-medium instruction (EMI) for international students in China: A learners' perspective. *English Today*, 32(4), 63.

Karagiorgi, Y., & Symeou, L. (2005). Translating constructivism into instructional design: Potential and limitations. *Journal of Educational Technology & Society*, 8(1), 17−27.

Keat, R. (1980). The critique of positivism. British Sociological Association, University of Lancaster.

Kelly, G. J. (2012). Epistemology and educational research. In Handbook of complementary methods in education research (pp. 32−55). Taylor and Francis.

Lincoln, Y. S., & Guba, E. G. (2000). The only generalization is: There is no generalization. Case study method, 27−44.

Luttenberg, J., & Bergen, T. (2008). Teacher reflection: the development of a typology. *Teachers and teaching*, 14(5−6), 543−566.

Newman, S. J. (1996). Reflection and teacher education. *Journal of education for teaching*, 22(3), 297−310.

Niaz, M. (2008). A rationale for mixed methods (integrative) research programmes in education. *Journal of philosophy of education*, 42(2), 287−305.

Pendergast, D., Garvis, S., & Keogh, J. (2011). Pre−service student−teacher self−efficacy beliefs: An insight into the making of teachers. *Australian Journal of Teacher Education*, 36(12), 4.

Roberts, C. M. (2010). *The dissertation journey: A practical and comprehensive guide to planning, writing, and defending your dissertation*. Corwin Press.

Teddlie, C., & Tashakkori, A. (2009). Foundations of mixed methods research: Integrating quantitative and qualitative approaches in the social and behavioral sciences. Sage.

Tschannen-Moran, M., Hoy, A. W., & Hoy, W. K. (1998). Teacher efficacy: Its meaning and measure. *Review of educational research*, 68(2), 202-248.

Usher, E. L., & Pajares, F. (2008). Sources of self-efficacy in school: Critical review of the literature and future directions. *Review of educational research*, 78(4), 751-796.

Vogt, W. P., Gardner, D. C., Haeffele, L. M., & Vogt, E. R. (2014). Selecting the right analyses for your data: Quantitative, qualitative, and mixed methods. Guilford Publications.

Walker, G. (2008). Doctoral education in the United States of America. *Higher education in Europe*, 33(1), 35-43.

Yoon, B. (2008). Uninvited guests: The influence of teachers' roles and pedagogies on the positioning of English language learners in the regular classroom. *American Educational Research Journal*, 45(2), 495-522.

□ 교재 집필에 도움을 주신 분들께 드리는 감사 편지

6년의 시간 동안 미국에서 유학생활을 하고 돌아온 필자에게 유학생활을 정리하는 책을 한권 출판해보는 것이 어떻겠냐고 늘 강조해서 말씀하셨던 부모님께 이 책을 바칩니다.

필자의 인생 멘토인 아버지 이경철 박사님(현, 한국산학기술학회 회장 : 교육학박사, 경영학박사, 사회복지학박사)과 어머니 새울산 유치원 김미숙 원장님께 항상 감사 인사를 드립니다.

여름방학 동안 필자의 부족한 책의 검토를 흔쾌히 맡아주신 서원 대학교 영어교육과 조형숙 교수님께 깊은 감사를 드립니다.

부산대학교 김윤용 박사님(교육평가 전공)께도 감사의 인사를 드립니다.

마지막으로 교재의 번역을 해준 여열 선생에게 항상 고마움을 전합니다.

2021년 10월
연구실에서
이용직

□ 致谢

首先，我要把这本书献给我的父母，他们常常鼓励我，让我将在美国六年的留学生活整理成书。

在此向我的人生导师－我的父亲李庆哲(이경철)博士(现韩国产学技术学会会长：教育学博士，经营学博士，社会福祉学博士)和母亲金美淑(김미숙)院长(新蔚山幼儿园院长)献上诚挚的谢意。

同时，向利用假期对本书进行细致审阅的赵亨淑(조형숙)教授(现西原大学英语教育专业教授)表示诚挚的感谢。

向釜山大学的金允镛(김윤용)博士表示诚挚的感谢。

最后感谢本书的译者黎悦老师。

2021年 10月
写于研究室
李勇直

□ 필자 약력

중앙대학교 영어학과 학사
미국) 인디애나 주립대학교 테솔(TESL) 전공 석사
미국) 플로리다 대학교 교육학 (Curriculum & Instruction) 박사
현) 우석대학교 일반대학원 교육학과 조교수
현) 한국산학기술학회 국제협력이사

□ 번역가 약력

전북대학교 한국어교육학 전공 석사
우석대학교 교육학 전공 박사수료

□ 作者简历

韩）中央大学 英语专业 学士

美）印第安纳州立大学 TESL专业 硕士

美）佛罗里达大学 教育学(Curriculum & Instruction）博士

现）韩国又石大学 一般大学院 教育学科 教授

现）韩国产学技术学会 国际协作理事

□ 译者简历

韩）国立全北大学 韩国语教育 硕士

韩）又石大学 教育学 博士

초판 1쇄 인쇄 2021년 10월 02일
초판 1쇄 발행 2021년 10월 16일

저자 이용직 **번역** 여열
펴낸곳 비티타임즈
발행자번호 959406
주소 전북 전주시 서신동 780-2
대표전화 063 277 3557
팩스 063 277 3558
이메일 bpj3558@naver.com
ISBN 979-11-6345-314-7(93720)
가격 20,000원

이 도서의 국립중앙도서관 출판예정도서목록(CIP)은 서지정보유통지원시스
템 홈페이지(http://seoji.nl.go.kr)와 국가자료공동목록시스템
(http://www.nl.go.kr/kolisnet)에서 이용하실 수 있습니다.